CONDUZA A SUA CARREIRA!

Robert Steven Kaplan

CONDUZA A SUA CARREIRA!

UM GUIA PARA O AUTOCONHECIMENTO PROFISSIONAL

Tradução de
Christiane Simyss

ELSEVIER

CAMPUS

Do original: *What You're Really Meant To Do*
Tradução autorizada do idioma inglês da edição publicada por Harvard Business Review Press

Capa: Leslie Morais
Copidesque: Wilton Fernandes Palha Neto
Revisão: Roberto Mauro dos Santos Facce
Editoração Eletrônica: Estúdio Castellani

Elsevier Editora Ltda.
Conhecimento sem Fronteiras
Rua Sete de Setembro, 111 – 16º andar
20050-006 – Centro – Rio de Janeiro – RJ – Brasil

Rua Quintana, 753 – 8º andar
04569-011 – Brooklin – São Paulo – SP – Brasil

Serviço de Atendimento ao Cliente
0800-0265340
atendimento1@elsevier.com

ISBN 978-85-352-7496-7
ISBN (versão digital): 978-85-352-7497-4
Edição original: 978-1-4221-8990-0

Nota: Muito zelo e técnica foram empregados na edição desta obra. No entanto, podem ocorrer erros de digitação, impressão ou dúvida conceitual. Em qualquer das hipóteses, solicitamos a comunicação ao nosso Serviço de Atendimento ao Cliente, para que possamos esclarecer ou encaminhar a questão.

Nem a editora nem o autor assumem qualquer responsabilidade por eventuais danos ou perdas a pessoas ou bens, originados do uso desta publicação.

CIP-Brasil. Catalogação na Publicação
Sindicato Nacional dos Editores de Livros, RJ

K26c Kaplan, Robert Steven
Conduza a sua carreira!: um guia para o autoconhecimento profissional / Robert Steven Kaplan. – 1. ed. – Rio de Janeiro: Elsevier, 2014. 23 cm.

ISBN 978-85-352-7496-7

1. Profissões – Desenvolvimento. 2. Orientação profissional. I. Título.

13-05665 CDD: 650.14
CDU: 331.548

A meus pais, que sempre me encorajaram
a buscar meus sonhos.

Agradecimentos

As ideias e os conceitos deste livro foram extraídos de uma variedade de experiências ao longo das últimas décadas.

Devo muito aos inúmeros mentores, coaches, amigos, colegas de trabalho, clientes e alunos os quais tive o privilégio de conhecer ao longo desses muitos anos. Sua sabedoria – bem como generosidade em compartilhar histórias e desafios – foi fundamental para meu aprendizado e constitui a base de boa parte deste livro.

Tive a sorte de começar a carreira na Goldman Sachs, no início dos anos 1980. A empresa e seus líderes incutiram em mim uma filosofia e uma abordagem empresariais que pude aplicar em diversas posições de liderança ao longo de 22 anos. Além disso, nossos excelentes clientes foram generosos em doar tempo, sabedoria e ideias – muito além das exigidas pelos relacionamentos profissionais. Muitos dos líderes da empresa serviram como modelos essenciais para que eu desenvolvesse minhas habilidades de gestão e de liderança.

Sou imensamente grato aos colegas da Harvard Business School, que me deram a oportunidade de ingressar na faculdade, em 2005, e me ajudaram a me tornar um professor mais eficiente – fornecendo coaching para que eu estruturasse melhor minhas questões, conduzisse discussões eficazes e expandisse minhas técnicas para ajudar líderes a melhorar seu desempenho. Meus colegas professores são generosos e rigorosos pensadores, profundamente interessados na compreensão do mundo real e em trabalhar para melhorá-lo; poderosa combinação, que tem me motivado a desenvolver minhas habilidades e a continuar aprendendo. Particularmente, quero agradecer a Bill George, pela revisão do manuscrito e pelo excelente feedback. Gostaria ainda de agradecer a outros colegas e professores do curso “O líder autêntico” – Tom DeLong, Jack Gabarro, Josh Margolis, Nitin Nohria, Leslie Perlow e Scott Snook.

Minhas experiências em sala de aula tiveram grande influência na elaboração deste livro. Desde que cheguei à Harvard, tive a oportunidade de lecionar para muitos executivos e alunos de MBA, de todos os níveis, o que me expôs a uma grande variedade de desafios relacionados com liderança, estratégia e competitividade e me ajudou a aperfeiçoar meus pontos de vista a respeito do potencial humano. As interações com executivos têm me ensinado muito e proporcionado um laboratório para a experimentação de diversas abordagens para melhorar o desempenho e ajudar as pessoas a alcançar seu próprio potencial.

Quero agradecer a *Harvard Business Review* por me dar a oportunidade de escrever artigos sobre liderança e potencial individual. Jeff Kehoe e seus colegas da Harvard Business Review Press – incluindo Erin Brown, Courtney Cashman, Ellen Peebles e Allison Peter – incentivaram-me a usar os artigos como ponto de partida para aprofundar o debate e trabalharam comigo em todos os momentos na criação deste e do livro anterior.

Este livro não poderia ter sido escrito sem a ajuda de meu editor, Jeff Cruikshank, consagrado autor, que atuou como excelente coach, mentor e editor.

Também quero agradecer a Sandy Martin, há anos uma fabulosa assistente, que me aguenta e possibilita que eu realize um trabalho eficiente e eficaz. Jane Barrett, minha assistente na HBS, tem sido inestimável e brilhante em tudo o que faz. Tanto Sandy quanto Jane me ajudaram a manter o projeto em andamento no último ano.

Um agradecimento especial a Heather Henriksen, por me incentivar a escrever este livro. Também gostaria de agradecer a Alissa Emerson, Michael Diamond, Robin Hazelwood, Arlene Kagan, Wendy Winer, David Winer e Scott Winer, por ler e oferecer sugestões ao manuscrito.

Por último e mais importante, quero agradecer a meus pais e minha família, que me deram amor, apoio e compreensão em todos os momentos da vida. Sua filosofia, seus valores e conselhos ecoam nas páginas deste livro.

Sobre o autor

Robert Steven Kaplan é diretor associado sênior e professor de Prática de Gestão em Administração de Empresas na cátedra Professor Martin Marshall na Harvard Business School. É presidente e sócio-fundador da Indaba Capital Management LLC e copresidente da Draper Richards Kaplan Foundation, empresa de filantropia global.

Antes de entrar para Harvard, em 2005, Kaplan ocupou uma série de cargos seniores de liderança, durante os 22 anos em que trabalhou na Goldman Sachs. Atuou como vice-presidente da empresa e chefiou as divisões de investimento financeiro global e investimento de gestão. Foi membro do Comitê de Gestão da empresa, presidente do Comitê de Participação e do Programa Pine Street de Liderança para o desenvolvimento de líderes emergentes. Antes de se tornar vice-presidente, atuou como codiretor do banco de investimento global, chefe do departamento de finanças corporativas e do banco de investimento da Ásia-Pacífico (com sede em Tóquio). Tornou-se sócio da Goldman Sachs em 1990 e hoje ocupa no cargo de diretor sênior.

Ao longo da carreira, Kaplan tem trabalhado com organizações sem fins lucrativos e comunitárias. Foi fundador e copresidente da Harvard NeuroDiscovery Center Advisory Board, é copresidente do Projeto A.L.S. e copresidente-fundador da TEAK Fellowship. Faz parte do Conselho da Ford Foundation e é copresidente do Comitê Executivo do Escritório de Sustentabilidade da Harvard University. Integra os Conselhos da Harvard Medical School e da Harvard Management Company (na qual atuou como presidente interino e CEO de novembro de 2007 a junho de 2008).

Foi nomeado membro do Kansas Healthcare Policy Authority Board pelo governador do estado e também atuou como membro do Capital Markets Advisory Group, do Federal Reserve de Nova York.

É membro do Conselho da State Street Corporation e presidente do Comitê Consultivo de Investimento da Google, e consultor de capacitação para diversas outras empresas. Ao longo da carreira, Kaplan aconselhou e trabalhou em estreita colaboração com executivos seniores, tanto de organizações sem fins lucrativos como da iniciativa privada, e forneceu coaching para um substancial número de profissionais em início e meio de carreira.

Como professor de Prática de Gestão na Harvard Business School, lecionou em vários cursos de liderança no programa de MBA e foi professor de um grande número de líderes seniores nos programas de educação executiva. É autor de *O que perguntar ao espelho* (Elsevier, 2012), de uma série de casos relacionados com liderança da Harvard Business School e de dois conceituados artigos da *Harvard Business Review*: "What to Ask the Person in the Mirror" e "Reaching Your Potential".

Cresceu em Prairie Village, no Kansas, e se formou na University of Kansas. Concluiu seu MBA na Harvard Business School como bolsista Baker.

Sumário

Introdução

Alcance seu próprio potencial

> Acima de tudo, sê fiel a ti mesmo.
>
> **HAMLET**

O que significa ser "bem-sucedido". Como atingir seus sonhos?

Significa uma impressionante lista de conquistas? Dinheiro, status, posição e poder? Talvez signifique agradar seus pais, familiares e amigos?

Escrevi este livro para abordar essas questões e fornecer um roteiro para ajudar você a conquistar suas aspirações. Para segui-lo, você deverá tomar uma série de medidas e responder a uma série de perguntas, que exigem que você olhe para si mesmo e para o mundo. Além disso, é preciso desenvolver novas habilidades e hábitos, alguns dos quais podem ser desafiadores e desconfortáveis para você.

Outro caminho

Após lutar com essas questões ao longo dos últimos 30 anos, passei a acreditar que o principal fator para alcançar suas aspirações não é "ser um sucesso", mas *trabalhar para alcançar seu próprio potencial*. Para tanto, é necessário criar sua própria definição de sucesso, em vez de aceitar uma definição estabelecida por terceiros.

Para muitos de nós, caminhar por esta estrada é um grande desafio, pois nos obriga a ter uma compreensão de nós mesmos e a eliminar muitas das forças externas que geram profundo impacto na nossa forma de pensar sobre nossas carreiras e vidas. Essa caminhada também pode exigir que você desenvolva uma camada protetora que lhe permita se resguardar da gentil ambivalência (ou ativa desaprovação) de pessoas próximas, amigos e parceiros de trabalho, que torcem o nariz para algumas de suas escolhas.

Este livro descreve uma jornada diferente – e, em última análise, mais gratificante, creio. Boa parte do que escrevo se baseia em minha própria carreira e experiências de vida, bem como em lições que aprendi durante os muitos anos em que atuei como gestor e conselheiro de uma diversificada gama de pessoas, no intuito de ajudá-las a alcançar seu próprio potencial.

Essa abordagem exige coragem e trabalho árduo e não se limita a respostas fáceis ou ao encaminhamento de um destino final. Trata-se de um esforço permanente e em várias etapas e inclui o desenvolvimento de uma nova mentalidade e novos hábitos de trabalho.

Comecei a falar sobre este assunto quando ainda gerenciava empresas na área de serviços financeiros. Ao longo de duas décadas, gerenciei vários negócios, em diversos lugares do mundo. Lidei com um número significativo de situações desafiadoras e gerenciei e aconselhei várias pessoas. Essas experiências me ajudaram a desenvolver uma compreensão mais profunda do papel da liderança, desenvolvimento individual e natureza do potencial humano.

Quando ingressei como professor na faculdade, em Harvard, no outono de 2005, comecei a pensar mais sistematicamente sobre essas questões e a ensinar muitos desses conceitos. Escrevi um artigo sobre o tema na edição de julho/agosto de 2008 da *Harvard Business Review*. Regularmente recebo ligações, e-mails e visitas de pessoas que o leram e desejam conversar sobre como a teoria pode se aplicar a elas.

Ao longo dos anos, aconselhei muitos estudantes e executivos e venho observando, de forma consistente, que as grandes empresas e organizações sem fins lucrativos criam um ambiente no qual as pessoas são orientadas e estimuladas a alcançar seu próprio potencial.

Em 2009, comecei a lecionar em um curso da Harvard Business School, intitulado "O líder autêntico",[1] criado pelo ex-CEO da Medtronic, Bill George, com base em seu magnífico livro *Confie em você* (Saraiva, 2008).[2] Essa experiência aprimorou minha forma de pensar e acrescentou uma nova dimensão às minhas atividades como líder e conselheiro.

Cada pessoa é única

Cada um de nós tem as próprias habilidades e qualidades que traz para qualquer situação. Temos histórias de vida diferentes, pontos fortes e fracos, paixões, ansiedades e idiossincrasias. Portanto, não é lógico que o caminho ideal seja um pouco diferente para cada um? Por que, então, muitas vezes tentamos imitar os outros e nos moldar a qualquer custo a uma definição preestabelecida de sucesso?

Pense nas pessoas que você conhece e que escolheram os próprios caminhos. Talvez, tenham começado seu próprio negócio, ingressado em uma carreira pouco promissora em termos de lucro, se aliado a um empreendimento sem fins lucrativos ou optado por uma carreira que foge dos conceitos atuais do que está "em alta" ou "na moda".

Muitas dessas pessoas não são famosas. Outras, como Steve Jobs e Bill Gates, são enaltecidas nas capas de revistas de negócios como grandes sucessos, mesmo que ninguém os tenha incentivado quando decidiram abandonar a faculdade e trabalhar em suas garagens.

Por que essas pessoas tiveram a coragem de escolher esses caminhos? Será que eram tão talentosos a ponto de se tornarem naturalmente bem-sucedidas, a despeito do curso universitário que escolhessem? Ou será que desenvolveram hábitos específicos e uma mentalidade que os ajudaram a traçar seus caminhos à sua maneira?

O que você realmente deseja

Acredito que você possa adotar uma mentalidade e ações específicas para realizar seus sonhos. Alguns novos hábitos irão auxiliá-lo a se compreender melhor, aprimorar suas capacidades e seguir suas próprias convicções. Pode ser útil considerar abordagens específicas enquanto você se desenvolve na vida e na carreira.

Este livro não se destina a ajudá-lo a alcançar bens materiais, status ou poder; tampouco foi projetado para fazê-lo descobrir como se tornar um aclamado "vencedor". Trata-se de um livro sobre autodescoberta, cujo objetivo é que você entenda melhor suas habilidades, descubra quem você é e defina o que deseja. Ele foi concebido para auxiliá-lo a desenvolver estratégias para conduzir sua vida e carreira e descreve uma abordagem sistemática para pensar e aprender, de modo que possa aumentar suas chances de alcançar seu próprio potencial.

Os capítulos seguintes descrevem um processo disciplinado, racional e que evita respostas generalizadas ou soluções fáceis. A intenção não é agir como psiquiatra, psicólogo ou outro profissional de saúde mental (o que incentivo, se você acha que poderia se beneficiar desse tipo de ajuda), mas ajudá-lo a fortalecer os músculos do autodesenvolvimento que você já tem e a construir novos.

Algumas das lições deste livro podem ser aprendidas e aplicadas imediatamente, outras podem levar anos para serem introjetadas e aplicadas. O principal para esse esforço não é tentar chegar a um destino específico ou estabelecer um cronograma particular, mas aprender a desenvolver seu próprio caminho.

Alcançando o seu potencial

Assim como em meu último livro, *O que perguntar ao espelho* (Elsevier, 2012), este o convida a se fazer uma série de perguntas e a realizar vários exercícios.

Meu livro anterior foca questões que podem ajudá-lo a se tornar um líder mais eficaz e melhorar sua organização. Este é sobre fazer perguntas e optar por ações que podem ser úteis para que você compreenda a si mesmo e alcance seu próprio potencial. Novamente, o objetivo não é mostrar o caminho para ganhar mais dinheiro ou adquirir mais status e poder – no entanto, eu enfaticamente diria que, em última análise, isso seja provável, se você seguir o roteiro. Este livro trata, na verdade, da criação de um caminho sustentável para o crescimento e a realização pessoais.

FIGURA 1.1

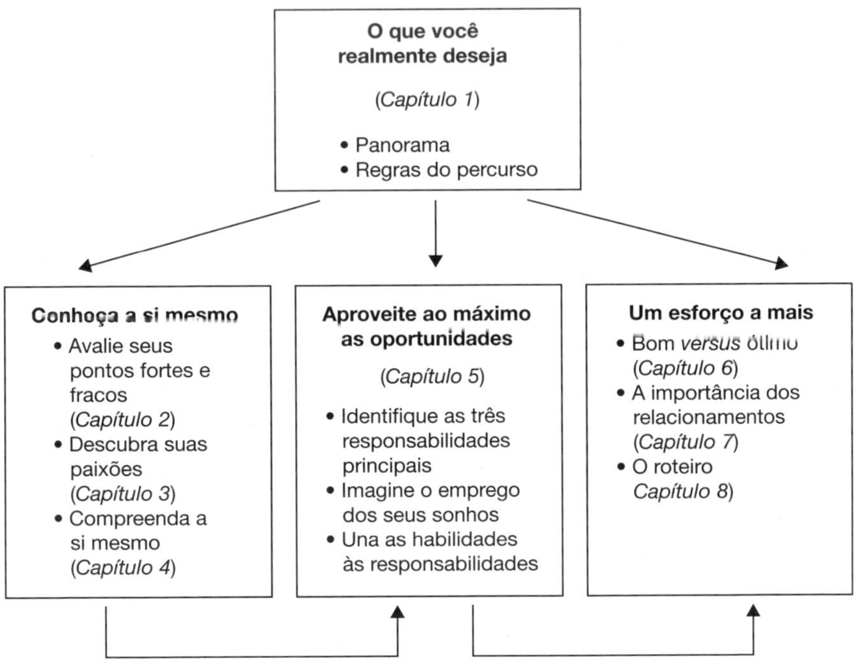

O livro está organizado em oito capítulos, com base no quadro apresentado na Figura 1.1. No Capítulo 1, exponho a premissa para alcançar seu potencial e as regras do percurso, essenciais para o desenvolvimento de uma mentalidade que o ajude a lidar com cada segmento deste livro e, em última análise, a colocar as ideias em prática. Como acontece com qualquer longa jornada, será importante começar com o estado de espírito certo. O conselho principal deste livro pode ser fácil de seguir mecanicamente, mas é provável que a internalização dos passos exija uma reavaliação de seus pressupostos e atitudes. Essa transição é desafiadora e pode levar tempo.

O Capítulo 2 trata da avaliação de seus pontos fortes e fracos, o que pode parecer fácil, mas algumas pessoas se surpreendem com a dificuldade desta etapa. Grande percentual das pessoas com quem converso não tem clara noção de seus principais pontos fortes. A dificuldade é a mesma na identificação dos pontos fracos. Este capítulo o desafia a identificar seus pontos fortes e fracos, discute formas de fazê-lo e explica como criar um processo para reavaliar continuamente suas habilidades, para o resto da vida.

O capítulo sugere várias estratégias possíveis para lidar e gerenciar suas competências e deficiências. Examino o papel do coaching e investigo a necessidade de certo grau de vulnerabilidade, a fim de obter melhor controle sobre suas habilidades.

O Capítulo 3 levanta algumas questões: De quais atividades você realmente gosta? Como descobri-las? Qual a relação da paixão com uma carreira bem-sucedida? É, de fato, possível criar uma carreira produtiva fazendo o que você ama? Você deve buscar suas paixões agora ou esperar até ganhar dinheiro? Como seus talentos se encaixam com suas paixões?

Muitas pessoas lutam para descobrir suas paixões, sobretudo quando trabalham em algo do qual não gostam. Essa luta pode criar um ciclo vicioso: a falta de paixão pelo trabalho limita sua mobilidade ascendente, o que aumenta a probabilidade de você continuar nesse trabalho por tempo indeterminado. É difícil alcançar a excelência em uma atividade da qual você não goste. Neste capítulo, discuto técnicas para ajudá-lo a identificar o que você verdadeiramente ama e investigo como traduzir essa paixão em potenciais empregos e carreiras. Ter paixão o ajuda a desenvolver seus pontos fortes, lidar com seus pontos fracos e superar as muitas frustrações e os obstáculos que irá enfrentar no desenvolvimento de sua carreira.

Warren Buffett começou com uma simples paixão: análise de ações. Ele gerenciou um pequeno fundo de investimento por muitos anos, desenvolveu seus pontos fortes, se tornou um proeminente CEO e construiu uma empresa extraordinária. Usou seus pontos fortes iniciais para desenvolver outros e se dispôs a adquirir novas habilidades, porque gostava de seu trabalho.

O Capítulo 4 lhe faz as seguintes perguntas: Qual é sua história de vida? Você está ciente das situações negativas que guarda dentro de você e que podem estar prejudicando seu desempenho? Você se sente impedido de tomar certas ações das quais tem consciência de que precisa tomar? Este capítulo aborda o desafio de identificar seus pontos cegos e explica a necessidade de compreender o motivo de determinadas atitudes. Compreender a si mesmo é profundamente importante para a qualidade de suas escolhas na vida. A pessoa mais importante que terá de aprender a gerenciar é você mesmo.

O Capítulo 5 discute como alinhar seus pontos fortes e fracos, paixões e compreensão de quem você é à eficiência no trabalho atual ou futuro. Neste capítulo, exploro a importância de análises e investigações suficientes para a identificação das três atividades mais importantes e fundamentais para seu trabalho. Você sabe quais são? Pode descrevê-las? Você gosta delas? Elas consomem seu tempo? Você desenvolve suas habilidades para melhorar a capacidade de executá-las?

Para alcançar seu potencial, você precisa fazer escolhas sábias sobre como utilizar seu tempo e escolher uma área, função e empresa para prosseguir. Recusar o trabalho errado é tão importante quanto escolher o caminho certo. Essa escolha é particularmente difícil se você estiver altamente motivado por dinheiro, status e pelas opiniões alheias ou se não tiver uma ideia clara de suas paixões e habilidades. Você precisa se colocar em uma posição que lhe permita se destacar.

O Capítulo 6 é sobre os intangíveis críticos que, com o tempo, cada vez mais determinarão se você atingirá ou não seu pleno potencial. Trata-se de mentalidade e comportamento. O capítulo discute os benefícios de escolher fazer algo pelo outros sem considerar as possíveis consequências para você – agindo com responsabilização. Discuto a importância de acreditar que a justiça prevalecerá e analiso a questão da necessidade de se sentir seguro – por exemplo, ser muito politicamente correto e não se manifestar, expressar suas opiniões e, até mesmo, causar certo desconforto, se necessário. A incapacidade de articular pontos de vista convictos, estabelecer limites éticos e falar a verdade àqueles no poder pode levar profissionais promissores ao baixo desempenho e limitar suas perspectivas de carreira.

O Capítulo 7 trata sobre a importância dos relacionamentos. Para alcançar seu potencial, você não pode embarcar sozinho nesta jornada. Em muitos momentos da carreira, você vai precisar de ajuda. Mais uma vez, construir relacionamentos é mais difícil do que parece. Muitos acreditam ter fortes vínculos e muitas pessoas a quem recorrer – até chegarem o problema e o momento de você realmente precisar de ajuda. Então, percebemos que não cultivamos relacionamentos importantes com pessoas que poderiam nos ajudar com feedback e aconselhamento.

É fundamental desenvolver relacionamentos com pessoas que de fato se preocupam com você a ponto de lhe dizer a verdade sem meias palavras – a verdade que você precisa ouvir, mesmo que não queira. Essas pessoas se importam com você o suficiente para correrem o risco de você se chatear com elas. Elas podem de fato ajudá-lo a voltar para a realidade e encarar a situação racionalmente.

Sempre me impressiono com a extensão do isolamento das pessoas, mesmo hiperconectadas no Facebook ou com milhares de seguidores no Twitter. Pela minha experiência, um dos principais entraves para alcançarmos nosso potencial é o isolamento. Todos temos pontos cegos, e cedo ou tarde, precisaremos pedir ajuda e revelar algum grau de vulnerabilidade.

Falo por experiência própria. Por muitos anos, tive pavor de falar para grandes multidões. Já tinha me convencido dessa minha incapacidade e tinha vergonha de admitir esse medo para colegas ou chefes. Cheguei a recusar promoções, pois sabia que, em um cargo mais alto, teria de enfrentar grandes plateias regularmente. Por fim, tive coragem de confessar meu medo a um colaborador próximo. Como resultado da conversa, comecei a trabalhar no desenvolvimento de técnicas para aprender a falar em público de forma eficaz. No meu caso, o foco em falar com o coração – sobre o que eu realmente acreditava – acabou se tornando uma forma de superar o medo. Eu já precisava de ajuda antes mesmo de detectar a questão.

Você tem alguns colegas ou amigos de confiança – mesmo um ou dois – que se preocupam com você o suficiente para ouvi-lo, compreendê-lo e lhe dar o feedback de que você precisa? Não precisam ser seus "melhores amigos", mas devem ser pessoas nas quais você confia e com quem possa se confidenciar. Este capítulo demonstra que aprender a desempenhar esse papel para os outros muitas vezes é uma excelente maneira de entender melhor a si mesmo e, ao mesmo tempo, se tornar mais hábil em cultivar relacionamentos sólidos.

O que o ajuda a seguir as orientações deste livro? O que o impede? Como você supera esses obstáculos? Qual o impacto que problemas financeiros de curto prazo e outras questões exercem sobre essa jornada? O Capítulo 8 irá ajudá-lo a organizar as ideias centrais deste livro em um processo sustentável, com exercícios e outras ferramentas que auxiliarão na consolidação geral.

O caminho adiante

Não há uma única maneira correta para realizar seus objetivos. Cada um de nós tem uma série de possibilidades para alcançar nosso potencial. O mundo muda constantemente. A vida muitas vezes apresenta diversas fases. É provável que nosso potencial evolua à medida que o mundo evolui e que continuamos a aprender, crescer e desenvolver nossas capacidades.

Alcançar seu potencial não se resume a ser sonhador ou idealista. É um processo que envolve ações específicas, exercícios, disciplina e trabalho árduo. É desafiador, gratificante e contínuo. Acredito que você vai concordar que vale a pena – e que, no longo prazo, esse processo o ajudará a experimentar um nível muito maior de satisfação e realização na vida e na carreira.

CAPÍTULO 1

O que você realmente deseja

O início

- Qual é a sua definição de sucesso?
- O que você fará para alcançar o que deseja?

Um dos melhores aspectos de meu trabalho é ter a oportunidade de conversar com pessoas de negócios, líderes de empresas sem fins lucrativos e alunos que querem discutir questões sensíveis e importantes para eles. As conversas muitas vezes se voltam para o que eles podem fazer para conquistar seus sonhos e alcançar seu potencial. Seu passado, suas histórias e situações específicas diferem, mas todas essas pessoas compartilham certo grau de frustração e confusão sobre como encontrar sentido e aproveitar o máximo da vida.

Neste capítulo de abertura, conto algumas dessas histórias – bem como exemplos de minha própria vida – e apresento a ideia de que você pode se apropriar da sua própria definição de sucesso e de como alcançar seu próprio potencial. Para ajudá-lo neste desafio, proponho cinco regras de percurso, cujo objetivo é fazê-lo entrar no estado de espírito correto e tornar este livro mais útil para você.

O início: a escolha da carreira inicial

Um talentoso aluno de pós-graduação teve a sorte de ter recebido ofertas de emprego em tempo integral de várias empresas de serviços financeiros. Ele sabia que eu tinha experiência na área e pediu meu conselho sobre qual oferta aceitar.

Respondi às perguntas iniciais, perguntando em que empresa ele mais gostaria de trabalhar. Ele não tinha certeza. "Na verdade, sinto uma ambivalência em relação a todas essas propostas", disse ele. "Sei que deveria estar animado. Meus colegas de classe dariam tudo para receber algumas dessas ofertas."

Após essa confissão, perguntei por que ele queria trabalhar nessa área.

"Acho que devo trabalhar nisso por algum tempo", respondeu. "Tenho financiamentos estudantis altos, e meus pais passaram a vida toda com dificuldades financeiras. Qualquer um desses empregos me ajudaria a começar a reduzir os empréstimos e, finalmente, ajudar meus pais."

Enquanto conversávamos, ele me perguntou qual das propostas eu aceitaria. Sugeri que minha escolha provavelmente não iria ajudá-lo a descobrir o que *ele* deveria fazer. Em seguida, perguntei se ele tinha paixão pelo mercado financeiro. A resposta foi imediata e inequívoca: "Não."

"Você tem paixão pelas tarefas-chave que podem ser fundamentais em qualquer um desses empregos?"

"Não tenho certeza", hesitou, "mas me preocupa o fato de que a resposta seja não".

Então, fiz a pergunta óbvia: "Bem, se você não gosta do mercado e questiona se gostará de suas atividades diárias em uma dessas empresas, tem certeza de que está olhando para o setor correto?"

Ele permaneceu em silêncio.

"Certo", continuei. "Deixe-me lhe fazer outra pergunta: O que você faria se não levasse a questão financeira em consideração? Digamos que você receba uma grande herança de um tio rico. O que você faria *nessas* circunstâncias?"

"É fácil", ele respondeu, sorrindo. "Não aceitaria *nenhum* dos empregos. Sou músico, pianista clássico. *Amo* música. Gostaria de tentar um emprego em uma gravadora ou em outra empresa relacionada com o mundo da música."

"Uau", reagi, surpreso. "Então, por que você não busca esse tipo de trabalho *agora*? Você tem 30 anos! Quando irá atrás de sua paixão, se não agora? Você acha que será de fato tão fácil assim mudar drasticamente de ramo daqui a três ou cinco anos?"

Ele explicou que buscara os empregos "em alta" durante a temporada de recrutamento da escola de pós-graduação. Apesar de salário e bônus potenciais pesarem na escolha, ele mencionou que seus amigos também acharam o máximo o fato de ele trabalhar com serviços financeiros. Eram empregos muito disputados, enfatizou, como se estivesse tentando convencer a si mesmo.

Passamos o resto da conversa discutindo as opções mutuamente excludentes específicas que ele recebera, tentamos identificar a quem ele estava tentando agradar e decidir quais fatores eram realmente importantes para ele. Discutimos também se havia ações alternativas que ele pudesse tomar, além da escolha do emprego, que lhe permitissem continuar a busca pelo seu sonho.

Meio da carreira: preso na terra de ninguém

No dia seguinte, um gerente de vendas, de 41 anos, do Meio-Oeste dos Estados Unidos, veio me visitar em Boston. Um amigo em comum me pedira para conversar com ele. Depois de uma breve apresentação, ele perguntou se podia fechar a porta do escritório. Então, voltou a se sentar no sofá e fez uma confissão: "Acho que estou em apuros."

"Que tipo de apuro?"

"Acho que meti os pés pelas mãos. Cometi erros enormes."

"Certo, que tipo de erros?"

"Bem, não sei como explicar", começou. "Certamente, tenho uma vida boa. Meus pais, amigos e familiares pensam que sou um sucesso. Acho que tenho uma carreira que outras pessoas poderiam invejar. Tenho uma esposa incrível e três filhos maravilhosos, uma bela casa e um pouco de dinheiro no banco. Não somos perdulários e evitamos gastos desnecessários. Estou trabalhando para poupar o suficiente para pagar a faculdade das crianças e me aposentar aos 65 ou 70 anos."

"Parece ótimo", afirmei. "Então, qual é o problema?"

Ele hesitou. "Sinto-me um idiota por tomar seu tempo. Sei que você não é psiquiatra. Talvez *não haja* problema algum, mas não me sinto bem comigo mesmo. Não tenho certeza do que estou conquistando e não estou satisfeito como acho que deveria estar. À exceção de meu casamento e de meus filhos, não acho que todo o resto seja importante. Não sinto paixão por vender os produtos da empresa para a qual trabalho e acho que meu desempenho está cada vez pior – por exemplo, recentemente, fui preterido para uma promoção a vice-presidente. Pensei que, a esta altura da carreira, eu estaria alcançando o auge do meu desempenho e com o máximo de energia em relação ao trabalho, mas não. É tarde demais para mudar para um trabalho com o qual eu me identifique mais? Como considerar essa hipótese? É isso que se sente quando se chega ao meio da carreira? É isso que significa ter sucesso?"

Ele disse a palavra mágica: "Sucesso". O que *é* sucesso e como devemos nos sentir quando o alcançamos?

Sugeri darmos um grande passo para trás. Pedi que me contasse mais sobre sua vida e sobre como acabou no trabalho atual. Discutimos do que ele gostava ou não no trabalho. Perguntei-lhe sobre seus pontos fortes e fracos e suas paixões. Ele nunca pensara muito sobre essas questões, e concordamos que ele precisaria considerá-las com mais ênfase após essa conversa. Discutimos o que o sucesso significava para ele, não para seus amigos, familiares e as demais pessoas com as quais convivia.

Perguntei-lhe com quem mais ele havia discutido essas questões. "Ninguém", respondeu.

Disse a ele que entendia a relutância em se confidenciar com alguém do trabalho e até mesmo com certos amigos, que poderiam não compreendê-lo. Mas, com certeza, ele teria alguém em quem pudesse confiar, não?

"Não", respondeu com firmeza. "Meus amigos não entenderiam – e alguns podem estar particularmente satisfeitos por eu estar com problemas. Não quero sobrecarregar minha esposa e parentes mais próximos, que podem ficar preocupados e acharem que não estou tão bem quanto imaginavam, e não quero isso. Minhas irmãs estão com problemas financeiros, e não acho que elas se solidarizariam com o que pode parecer um psicodrama autoindulgente."

Concluímos a conversa destacando uma série de perguntas e questões que deveriam ser consideradas e que poderiam ajudá-lo a compreender a situação e começar a descobrir o que fazer em seguida.

Quem define seu sucesso?

Tenho esse tipo de conversa há 25 anos, desde que comecei a atuar na área de gestão de pessoas. Com frequência, um colega ou cliente vinha me visitar, fechava a porta e fazia mais ou menos o mesmo tipo de confissão: "É incontestável que estou indo bem na carreira, mas isso não significa o que pensei que significaria. Acreditei que teria chegado mais longe e que estaria no auge agora. Achei que seria mais feliz; realmente não estou satisfeito." Muitas vezes, essas declarações continham evidente angústia e insistência. Em algumas situações, as conversas vieram imediatamente após uma grande promoção ou, ao contrário, durante um período de estagnação na carreira.

Muitas vezes, a pessoa dizia algo como: "Quero mais. Acho que sou capaz de muito mais. Quero realizar algo significativo. Não quero dizer a meus netos que toda a minha vida se resumiu a um conjunto de transações, ganhos de clientes, relatórios de lucros ou apenas um salário."

Notei um traço comum: muitas dessas pessoas se surpreenderam ao descobrir que as recompensas financeiras não foram suficientes para sustentá-las. No fim, o dinheiro não era o agente motivador poderoso e consistente que se acreditava.

Depois de muitas conversas como essas, comecei a me perguntar por que tantas pessoas altamente capazes estavam decepcionadas, achavam que tinham realizado menos do que gostariam ou estavam insatisfeitas com suas vidas e carreiras. Eu me solidarizava com elas, porque, em alguns momentos, tinha vivenciado os mesmos sentimentos. Eu também fora criado para acreditar que as recompensas financeiras e realizações profissionais tornavam as pessoas mais felizes. No entanto, muitas das pessoas com as quais eu vinha conversando descreviam uma sensação de vazio, apesar de certo nível de sucesso material e de impressionantes credenciais profissionais.

O que lhes faltava? A resposta a essa pergunta se estendia a mim também? Havia algo faltando em relação à maneira como eu via minha vida e carreira?

Quando cheguei a Harvard para lecionar, em 2005, continuei a ter essas conversas, mas em escala muito mais ampla. Vi esse fenômeno ocorrer com pessoas de diferentes culturas, países, setores, níveis socioeconômicos e profissões. Em jovens, a manifestação desse fenômeno se dava na luta para desenvolver habilidades, atingir certo grau de autoconsciência e fazer escolhas sábias sobre a futura carreira. Em executivos em meio de carreira, era mais provável que refletisse um sentimento de confusão sobre que rumo tomar e a preocupação por terem metido os pés pelas mãos. Em executivos mais velhos e em profissionais, por vezes refletia sentimentos de profundo arrependimento e amargura.

Em quase todos os casos, essas pessoas começavam a se ressentir pelas expectativas dos outros e tentavam fazer uma avaliação mais precisa de suas habilidades, sonhos e verdadeiros desejos como seres humanos. Elas haviam seguido o incentivo de todos em relação à carreira e trabalhado muito para atender a essas expectativas. Suas preocupações se tornavam evidentes quando deparavam com colegas que não tinham alcançado o mesmo padrão financeiro, mas que pareciam muito mais felizes, fiéis a seus valores e crenças, com mais desafios no trabalho e apaixonados e realizados na carreira e na vida.

Essas situações encontram grande eco em mim, pois venho lutando com as mesmas questões. Como resultado, ao longo dos anos, estou cada vez mais convencido de que a forma como somos condicionados a pensar sobre nossas vidas e carreiras pode nos confundir em relação às nossas paixões, necessidades de habilidades de desenvolvimento e escolhas-chave. Somos suscetíveis a buscar caminhos que se baseiam na bússola de outra pessoa, em vez de na nossa própria.

Quem estabelece seus benchmarks

Quando eu era criança, meus pais muitas vezes me falavam sobre a importância do trabalho árduo para ser bem-sucedido. "Você deve ter uma profissão", me diziam. "Medicina, Odontologia e Direito são boas carreiras. Ortodontia também é uma boa escolha!"

Meus pais justificadamente acreditavam que status profissional me permitiria ter uma vida melhor que a deles. Eles cresceram durante a Grande Depressão e ambos começaram a trabalhar ainda jovens para ajudar no sustento da família. Os dois continuaram a trabalhar muito ao longo da vida. Meu pai viajava com frequência como vendedor de joias do Meio-Oeste, e minha mãe era agente imobiliária e mudou de emprego quando a situação financeira da família piorou.

Ambos esperavam que eu não tivesse de lidar com as dificuldades que haviam enfrentado e queriam que eu tivesse um pé-de-meia. Seu desejo era que eu tivesse sucesso profissional e status social. Como a maioria dos pais, queriam se orgulhar de mim e ter a certeza de que tinham me orientado para buscar uma vida melhor.

Embora cresçamos como produto de nossas famílias, somos fortemente influenciados pelas normas sociais que se manifestam na cultura popular. Tive uma educação muito comum. Vi televisão à vontade e li revistas populares. Fui influenciado pela mídia, que regularmente exaltava "vencedores". Assim como hoje, os vencedores eram aqueles que tinham ganhado muito dinheiro e alcançado riqueza, poder ou influência. Eu lia os anúncios e capas de revistas, dominadas pelos rostos sorridentes de pessoas que tinham "conseguido". Cara, como eles pareciam felizes!

Como estudante, eu era constantemente avaliado, testado, recebia notas e outras classificações com base em "objetivos". Como para a maioria dos que cresceram na segunda metade do século XX, os primeiros 22 anos da minha vida pareciam girar em torno de uma interminável série de testes, destinados a me classificar em relação a meu grupo de amigos. No fim de cada período de avaliação, minha mãe me perguntava se eu tinha passado com louvor e ficava decepcionada caso eu não tivesse – sensação muito desagradável! Internalizei esses padrões e passei a acreditar que as avaliações e conquistas acadêmicas seriam fundamentais para determinar que faculdade eu cursaria e que tipos de trabalho eu conseguiria após me formar. À medida que eu pensava sobre isso, percebia que, em algum momento, acabaria focando o que eu queria e quem eu era – mas, por enquanto, se eu quisesse subir o próximo degrau, precisaria me destacar no que estava fazendo.

Mais tarde, quando chegou a hora de escolher um emprego e uma carreira, pedi conselho a meus pais e amigos. Eu não conhecia exatamente as atividades intrínsecas a alguns tipos de carreiras, portanto não sabia ao certo o que gostaria de fazer. Assim, gravitava em torno de empregos que todo mundo parecia querer. Se eles atraem a atenção de tanta gente, pensei, devem valer a pena. Uma vez que eu conseguia um trabalho, me concentrava em me sobressair de alguma forma para me tornar apto a uma promoção. Certamente não gostaria de ter de explicar em uma festa por que eu fora preterido em uma promoção.

Embora haja certo exagero nessa narrativa, em parte para deixar claro o que estou querendo dizer, acho que somos educados para sonhar com o sucesso em termos de benchmarks, realizações e metas. Ao mesmo tempo, treinados para temer o estigma de não alcançarmos esse sucesso. Muitos somos incentivados a nos concentrarmos mais em motivadores *extrínsecos* – aqueles que podem se manifestar visivelmente (dinheiro, status, títulos etc.) –, em oposição a motivadores *intrínsecos*, os que nos motivam internamente (como a paixão pela missão, estímulo intelectual e relacionamentos sólidos).

Você assume a responsabilidade de escolher seu próprio caminho?

Muitos de nós passamos a juventude tentando acumular conquistas – ser "bem-sucedidos" –, sem pensar no que realmente queremos. Em muitos momentos ao longo desta jornada, pedimos ou recebemos orientação de colegas bem-intencionados, amigos, familiares e pessoas próximas, que nos aconselham sobre o que devemos buscar e evitar. Em geral, os conselhos se baseiam pouco na compreensão mais profunda sobre quem somos como pessoas, e muito nas próprias experiências, compreensão das normas sociais e desejos de quem nos orienta.

Felizmente, alguns jovens conseguem obter coaching e orientação sensata, que os ajudam a se concentrar desde o início em seus pontos fortes, fracos, paixões e noção de identidade. Outros têm esse insight mais tarde, talvez com a ajuda de mentores e outras pessoas com quem mantêm relacionamentos sólidos e que de fato tentam compreendê-los. Com esse apoio, eles desenvolvem força, confiança e autoconhecimento para buscar caminhos condizentes com suas paixões e habilidades.

Como mencionado anteriormente, ao longo de minha carreira, venho constantemente aconselhando e conversando com profissionais em estágios iniciais, intermediários e avançados na carreira, que se destacaram por um período, mas que começaram a ter conflitos profissionais e dúvidas sobre o que queriam de fato. Nos estágios iniciais da carreira, eles têm a oportunidade de desenvolver novos hábitos e fazer escolhas que o colocarão no caminho certo. Em fases posteriores, ainda não é tarde demais, embora possam sentir que "conquistaram" um dilema: uma vida que parece ser boa para os outros, mas não aproveitam suas verdadeiras capacidades ou satisfazem suas paixões e desejos. Lamentam ter esperado tempo demais para desenvolver formas de aperfeiçoar suas habilidades ou para pensar profundamente sobre o que queriam.

Você se identifica com esse relato? Está tirando o máximo proveito de suas capacidades? Você se sente como se estivesse trilhando o caminho de outra pessoa? Se assim for, é tarde demais para fazer mudanças? Existe outra maneira de gerenciar sua vida e carreira e enfrentar um novo desafio?

Sugestão de cinco regras de percurso

Os capítulos seguintes traçam um roteiro passo a passo para alcançar seu próprio potencial. Suas chances de sucesso nesta jornada serão muito maiores se você conseguir desenvolver certo tipo de mentalidade. Para ajudá-lo, sugiro aqui algumas regras gerais de percurso às quais faço referência ao longo do livro.

Acredite que a justiça prevalecerá

Em algum momento da vida, todos nós já fomos tratados injustamente. Muitos já recebemos, por exemplo, multas por excesso de velocidade que acreditávamos serem indevidas. Talvez você tenha sido preterido para uma promoção que acreditava merecer. Talvez tenha sido mal interpretado por alguém. Provavelmente, podemos listar uma série de injustiças, menores ou maiores, que acreditamos termos sofrido.

As pessoas que acumulam uma lista suficientemente longa de injustiças muitas vezes passam a questionar a justiça básica de sua empresa, do mundo dos negócios e da sociedade em geral. Como resultado dessas experiências, elas decidem que só vão agir quando tiverem a certeza de que receberão algo em troca e têm receio de chamar a atenção, ouvir seus instintos naturais ou ajudar os outros.

Pela minha experiência, essa mentalidade, em última análise, irá impedi-lo de se concentrar em quem você é e no que realmente acredita. Ela o dissuade de correr riscos sensatos, de estender a mão para ajudar os outros e prejudica sua compreensão de questões realmente importantes para você.

Se quiser alcançar seu potencial, você deve estar disposto a descobrir no que acredita e ter a coragem de agir de acordo com essas crenças. Você precisa confiar que, embora a justiça não prevaleça em determinado momento, em última análise, ela prevalecerá. Acredito que, se você tiver essa mentalidade, terá melhor desempenho e mais chances de, finalmente, tirar o máximo proveito de suas capacidades.

Será mais fácil optar pelas ações sugeridas neste livro se você trabalhar nessa mudança de estado de confiança. Ou seja, mesmo que você sofra injustiças, se você for *fiel a si mesmo e às suas convicções*, por fim, será tratado de forma justa.

Por que enfatizo tanto esse conceito? Considere a alternativa: "O que acontece se você não acreditar que a justiça prevalecerá?" Em poucas palavras, você vai ficar esgotado e se tornará cético. Quando o ceticismo persuadi-lo a desistir de sua força interna e convicções, você passará a ficar obcecado em agradar as pessoas e satisfazer às suas expectativas. Você se distanciará da compreensão de si mesmo e do que acredita e começará a tomar decisões medíocres.

Cuidado com o inconsciente coletivo

O senso comum é, em poucas palavras, o ponto de vista predominante dos outros, um consenso. É o que as "pessoas inteligentes" pensam. Embora essas convenções nos cerquem, em geral, estão totalmente erradas – sobretudo no que se refere a você. Elas tendem a olhar para trás e não levam em conta suas características e experiências particulares.

Infelizmente, o inconsciente coletivo e a pressão dos pares são dominantes e se manifestam nos pontos de vista velados da família, amigos, colegas de sala e de trabalho e das pessoas que encontramos em eventos sociais; isso se estende a programas de televisão, comerciais, outdoors e artigos na mídia impressa. A sabedoria convencional é tão onipresente que muitas vezes desconhecemos o poderoso impacto que pode exercer sobre nosso pensamento.

Pense em todas as mensagens que recebemos e que afirmam conter o pulo do gato para ser bem-sucedido, em geral, com o seguinte conteúdo: *todo mundo sabe que você precisa fazer tal e tal, a fim de conquistar isso e aquilo.* Todo mundo sabe que os preços dos imóveis nunca baixarão. Todo mundo sabe que as ações vão superar os títulos. Todo mundo sabe que, se você virar médico, poderá impor suas próprias regras.

Como você certamente já viu acontecer, jovens promissores muitas vezes escolhem determinadas carreiras porque "todo mundo sabe" que estão em alta. Infelizmente, você é o único que realmente arca com as consequências das escolhas que faz por conta do inconsciente coletivo e da pressão dos colegas. O que está em alta hoje pode não estar amanhã ou pode não se adequar às suas habilidades e interesses. O mundo muda, você muda, e os pontos de vista sociais também. Para piorar o cenário, o senso comum não leva em conta quem *você* é e o que é realmente capaz de fazer.

Pela minha experiência, acatar a opinião de colegas e dar ouvidos à sabedoria convencional muitas vezes são maneiras de se eximir do árduo trabalho de descobrir nossos próprios interesses e pensar nas carreiras nas quais poderíamos florescer. Cuidado com o senso comum. Concentre-se na difícil tarefa de compreender quem você é e onde estão seus interesses. As respostas podem surpreendê-lo.

Aja como o responsável por sua vida e suas escolhas

Gerenciar sua vida e carreira é 100% responsabilidade sua. Você se responsabiliza por isso?

Você não é um espectador passivo da própria vida. Muitas das lições e exercícios deste livro exigem bastante reflexão individual e autoanálise. Para ficar em forma, você precisa fazer exercícios. Assim como deve se "responsabilizar" pelo desafio de sua forma física – ninguém mais pode fazê-lo por você –, deve tomar para si a responsabilidade de desenvolver suas habilidades, compreender a si mesmo e fazer escolhas importantes. Sim, boas organizações podem ajudar os funcionários neste desafio, mas você não pode contar com isso.

Agir com responsabilização significa assumir a responsabilidade de conhecer seus pontos fortes e fracos e paixões. Trata-se de expressar seus desejos àqueles que podem ajudá-lo a alcançá-los. Significa que você é dono de seu destino.

Para isso, você precisa explicitar suas escolhas. Sempre há opções mutuamente excludentes a pesar, e você deve tentar torná-las explícitas, sempre que possível. Não espere passivamente que alguém lhe dê feedback ou diga o que deva querer fazer. Sua vida é sua responsabilidade. Se cometer erros, descubra o que poderia fazer melhor da próxima vez. Você não é vítima, mas o condutor proativo de sua própria vida.

Seja realista e se adapte às circunstâncias

Algumas pessoas me dizem: "Gostaria de seguir muitas das suas orientações, mas a minha principal preocupação agora é pagar o aluguel deste mês!" Certo, é justo. Se você acabou de perder o emprego ou se está lutando para sobreviver, deve fazer concessões. Meu pai nem sempre pôde buscar seus desejos profissionais porque tinha de lidar com a realidade de crise econômica durante nossa infância. Mais tarde, depois de passar por uma cirurgia de ponte de safena, ele teve de fazer mais concessões. Se a economia está ruim ou se você ou alguém de suas relações sofre de uma doença grave, você deve levar essas restrições em consideração. Se o celeiro está pegando fogo, apagar o incêndio deve ser a prioridade.

No entanto, você não pode deixar contratempos do dia a dia – até mesmo os mais importantes – desviá-lo completamente da busca por alcançar seu potencial. Apagar incêndios constantemente pode se tornar um modo de vida, e lidar com crises de curto prazo o tempo todo pode criar um ciclo vicioso.

Este livro discute a importância do seu tempo. Em parte, ser realista significa trabalhar com várias frentes: lidar com a crise atual e, ao mesmo tempo, semear o terreno hoje para que possa desenvolver seu potencial em tempos e circunstâncias mais favoráveis.

Disponha-se a aprender

Se você está aberto ao aprendizado e à mudança de comportamento, tem uma excelente chance de atingir seu potencial.[2] É fundamental estar motivado para aprender, mudar e progredir na vida, o que pode ser muito mais difícil do que parece. A maioria das pessoas acredita estar aberta ao aprendizado, mas, quando precisa de fato demonstrar disposição, tem dificuldade de mergulhar em uma introspecção mais profunda. As pessoas relutam em pedir feedback – e podem até mesmo enviar uma mensagem de que, na verdade, não querem conselhos.

Alguns profissionais, sobretudo quando se tornam mais seniores, acreditam ter todas as respostas e se sentem profundamente inseguros e desconfortáveis se não tiverem. Sentem vergonha de reconhecer que não sabem o que devem fazer ou que precisam melhorar e aprender. Não se sentem confortáveis em admitir que erraram ou mudaram de opinião e consideram um pedido de conselho sinal de fraqueza. Outros se fecham para novas informações e mudanças – e, mesmo que seja uma postura inconsciente, as pessoas ao redor nitidamente a percebem.

É preciso estar motivado para aprender, a fim de realizar muitas das tarefas descritas nos capítulos seguintes. Algumas das ações sugeridas provavelmente o farão se sentir estranho e desconfortável. Essa inquietação pode ser boa se o fizer refletir sobre o porquê do desconforto em determinada situação e agir para superá-lo.

Pela minha experiência, essa mudança de comportamento e mentalidade é difícil, mas factível, se você estiver motivado a aprender. Se estiver aberto e disposto, este livro vai ajudá-lo a mirar mais alto – e, por fim, chegar mais longe.

Este capítulo estabelece a premissa desta abordagem e explica regras-chave de percurso para embarcar nesta jornada. Os próximos capítulos abordam diretamente os passos fundamentais e o roteiro para atingir seu potencial.

Ações sugeridas para follow-up

- Escreva sua definição de sucesso.
- Escreva as ações que você acha que precisa tomar para realizar seus sonhos.
- Mantenha essas anotações em um caderno. Você pode voltar a elas e atualizá-las à medida que avançar na leitura dos capítulos.

CAPÍTULO 2

Avalie seus pontos fortes e fracos

Apodere-se do processo de desenvolvimento de suas capacidades

- Você é capaz de descrever, com base em suas habilidades, seus três pontos fortes mais evidentes e três pontos fracos mais relevantes?
- Quais são as três principais habilidades para seu trabalho atual e para um potencial emprego futuro?
- Você toma para si a responsabilidade de avaliar suas habilidades em relação aos requisitos do cargo e buscar coaches?

Já trabalhei com muitas pessoas bem-sucedidas que muito se empenharam para aprender a avaliar seus pontos fortes e fracos. Para a maioria, não é fácil, mas elas se dedicaram muito para se aprimorar nessa avaliação porque perceberam que poderia fazer enorme diferença em suas vidas e carreiras e que o esforço para alcançar seu próprio potencial começa com a compreensão básica das próprias habilidades e deficiências.

Pela minha experiência, muitas vezes o que impede as pessoas de crescer e melhorar não é, necessariamente, falta de capacidade, mas a falta de consciência de suas habilidades e deficiências. É impressionante como é mais fácil desenvolver capacidades após a identificação das habilidades de que você precisa para melhorar. O principal é a consciência e, em seguida, a motivação para enfrentar suas fraquezas. As pessoas podem progredir bastante, uma vez que tomem para si a responsabilidade deste desafio.

Entender seus pontos fortes e fracos não é um exercício mecânico. É necessário seguir uma sequência de etapas que envolve intenso foco e concentração de sua parte e sólidos conselhos de outras pessoas que o observam. Para aprimorar suas habilidades, você precisa aceitar críticas construtivas e estar aberto à sensação de desconforto.

Você está motivado a se aprimorar?

Este capítulo mostrará como entender melhor seus pontos fortes e fracos. Descrevo a criação de um processo para constantemente aprimorar esse entendimento, de modo que você possa atualizar e adaptar suas ideias a novos empregos e circunstâncias. Detalho os obstáculos que se interpõem no caminho dessa difícil tarefa, os quais podem ser mais ou menos evidentes. Veremos várias maneiras de lidar com eles.

Este capítulo investiga o essencial papel do coaching, tenta dissipar várias interpretações equivocadas que você possa ter em relação a esse processo e discute como assumir mais responsabilidade por ele.

Depois de ter solicitado a ajuda de um coach e adquirido consciência de suas habilidades, que estratégias você deve traçar para a construção de sua carreira? Deve se concentrar mais nos pontos fortes? Procurar empregos que acionem seus pontos fortes ou que o ajudem a se aprimorar em áreas nas quais precisa se desenvolver? Você precisa ser bom em tudo?

Deve evitar empregos nos quais seus pontos fracos possam concretamente prejudicar seu desempenho?

Esse processo exige trabalho árduo, várias etapas e também alto nível de motivação para se tornar mais autoconsciente e encarar a realidade. Ele se baseia em um profundo desejo de aprimoramento. Como já mencionado, você não poderá realizar esse processo sozinho; precisará buscar conselho e observações de terceiros. Todos temos pontos cegos, aflitivamente evidentes para os outros. Como resultado, nossas próprias avaliações só nos levam até certo ponto. Observações externas podem nos fornecer maior conscientização – mas apenas se permitirmos que elas cheguem até nós.

Por que não conseguimos compreender nossas habilidades e deficiências?

Muito tem sido escrito sobre a importância de compreender nossos pontos fortes e fracos.[1] Livros, aulas e seminários focam o aprimoramento da capacidade de profissionais para que realizem seus trabalhos. Líderes de negócios regularmente falam sobre a importância de desenvolvimento de talentos. A maioria das empresas se empenha em fornecer vários tipos de formação, bem como avaliações de desempenho anuais e processos de feedback, concebidos para ajudar os funcionários a desenvolver suas competências.

Por conta de todo esse investimento e ênfase, você pode supor que o assunto esteja amplamente abrangido. No entanto, quando falo com pessoas que estão tentando construir suas carreiras, em geral, é extremamente difícil para elas descrever seus pontos fortes e fracos – especialmente os últimos. Por que tanta dificuldade?

Em meio às distrações do dia a dia e ao caos do trabalho, é difícil ter tempo para avaliar com precisão suas competências. Essa negligência pode não ter consequências significativas no curto prazo, mas é quase certo que elas surjam no longo prazo.

A maioria das pessoas não se empenha o suficiente para trabalhar esse aspecto. Como resultado, falta-lhes autoconsciência. Além disso, em geral, não tiverem orientação de coaches, que poderiam ajudá-las a identificar suas deficiências de habilidade. Em alguns casos, quando de fato recebem feedback construtivo, não estão suficientemente preparadas para reconhecê-lo ou compreendê-lo. Portanto, nunca conseguem decifrar o significado real do feedback, como se beneficiar dele ou como trabalhar as informações recebidas.

Como consequência, um número surpreendente de pessoas, em geral ponderadas, não consegue identificar os pontos nos quais precisam melhorar ou formular um plano de ação para corrigir as deficiências de habilidade. Essencialmente, elas caminham no escuro.[2]

Responsabilizando-se por avaliar suas habilidades

Um jovem gerente de produto de uma grande empresa de bens de consumo se sentia frustrado e inseguro sobre o emprego. Ele manifestou descontentamento com seu chefe direto, pois acreditava que não vinha recebendo um tratamento justo no trabalho.

Depois de ouvir sua história, pedi a ele que me descrevesse seus pontos fortes e fracos. Ele fez uma breve pausa e então respondeu: "Acho que sou muito bom analiticamente. Sou bom em pensar sobre conceitos. Sou muito confiável e trabalhador."

"E quais são seus pontos fracos?"

Ele pensou por alguns minutos e, em seguida, perguntou se eu poderia explicar melhor.

"Claro", concordei. "Por exemplo, que tipo de críticas já recebeu de seu chefe ou de colegas de trabalho?"

"Na verdade, nenhuma", afirmou. "Eles só me dizem para continuar a fazer o que venho fazendo."

Perguntei se ele recebera o bônus integral no ano anterior. "Na verdade, não", disse ele.

"E como seu chefe explicou isso?"

"Não explicou."

Perguntei-lhe novamente se ele tinha certeza de que não houvera menções a deficiências de habilidades específicas em sua avaliação de desempenho. Ele deu de ombros e disse que, honestamente, não conseguia se lembrar de deficiências específicas mencionadas pelo chefe.

Então, depois de uma pausa, continuou: "Bem, posso ser muito impaciente às vezes. Talvez outras pessoas sejam mais criativas que eu? Realmente, não sei." Foram as primeiras difíceis tentativas de enumerar suas deficiências.

Em seguida, discutimos sua mentalidade. Será que ele realmente queria se apropriar do desafio de compreender seus pontos fortes e fracos ou achava que era tarefa de outra pessoa?

Ele admitiu que realmente nunca pensara nisso nesses termos. Achava que era responsabilidade de seu supervisor e, mais amplamente, da empresa. "Afinal", completou, "eles me conhecem e sabem o que precisam de mim".

Começamos a discutir a possibilidade de que a frustração e a ansiedade que sentia não eram realmente culpa do chefe ou da empresa. Sugeri que seria difícil chegar à raiz das causas de sua frustração, a menos que assumisse maior responsabilidade por avaliar seu conjunto de habilidades. Expliquei que a condição de suas capacidades exercia impacto direto sobre sua capacidade de atender às demandas do trabalho e às expectativas de seu chefe.

Ele reconheceu que nunca tomara medidas proativas para avaliar as próprias habilidades. Era desconfortável para ele. Discutimos se sua preocupação com o trabalho era profunda o suficiente para motivá-lo a parar, refletir e agir proativamente, mesmo que parecesse um pouco estranho no início. Ele observou que vários colegas agiam nesse sentido, o que os ajudou a avançar na carreira, e percebeu ainda que precisava se forçar a reconsiderar sua mentalidade e abordagem em relação a esse vital aspecto.

Esse relato pode parecer exagerado, mas, ao contrário, é muito comum. A maioria de nós não consegue descrever com precisão seus pontos fortes e fracos. Talvez, em algum momento, tenhamos conseguido, mas, em seguida, as demandas do trabalho mudaram ou fomos promovidos a um novo e desafiador cargo e não conseguimos atualizar essa descrição. Enquanto isso, começamos a nos sentir tolos, ou mesmo desconfortáveis, de continuar pedindo conselhos sobre como identificar e superar nossos pontos fracos. Talvez tenhamos acreditado que a empresa deveria assumir esse papel. Afinal, com todos os contínuos processos de avaliação de desempenho e coaching, há realmente a necessidade de fazer algo mais?

Na Goldman Sachs, incentivei todos os profissionais a ir muito além dos processos formais. Encorajei-os a assumir como missão a descrição de seus pontos fortes e fracos e a, em seguida, procurar aconselhamento sobre técnicas para lidar com questões-chave.

Infelizmente, em algum momento, muitos deixam de pensar de forma proativa sobre suas habilidades e deficiências. Somos todos humanos, e, geralmente, há aspectos mais agradáveis sobre os quais pensar.

Deixar este desafio de lado é um grave erro.

O primeiro passo: trata-se de habilidades específicas

Grande parte da confusão com relação à avaliação de habilidades decorre do fato de que a discussão tende a abordar tópicos não relacionados. Coaches bem-intencionados, por vezes, utilizam linguagem vaga e confusa sobre características pessoais, política e impressões gerais, em vez de se aterem às suas observações sobre as habilidades específicas da pessoa a quem estão orientando. Consequentemente, quem está recebendo o coaching muitas vezes fica confuso, sem saber o que fazer em seguida.

O poder do feedback específico e factível

Uma jovem gerente veio me pedir conselhos sobre o feedback que acabara de receber na avaliação de desempenho. A orientação principal de seu supervisor era a de que ela precisava "elevar seu perfil". Ela relatou que saíra confusa da reunião.

Tampouco entendi os comentários do supervisor. Eu já trabalhara com ela antes e, durante nossas interações, eu observara habilidades específicas as quais ela precisava aprimorar. Por exemplo, eu acreditava que ela deveria melhorar as habilidades de apresentação e recomendei certos exercícios e treinamentos que poderiam ser úteis. Também senti que precisava trabalhar sua organização e gerenciamento de tempo.

Eu me perguntava por que ela não recebera esse tipo de feedback de seu chefe direto, que provavelmente a conhecia muito melhor que eu. Como ele pôde ter conduzido a avaliação de desempenho sem levantar esses pontos? Talvez ele mesmo não estivesse suficientemente preparado para apontar as habilidades que ela precisava abordar. Talvez ele não associasse o coaching ao foco em habilidades específicas. Será que ele era um coach ineficaz ou apenas inexperiente?

Esses problemas são comuns. Muitas vezes, até mesmo os gerentes seniores mais bem-intencionados fornecem pouco mais que as próprias impressões, que não são fundamentadas em profunda observação ou relacionadas com habilidades específicas. Por conta disso, o ônus de fazer perguntas e ser proativo na tentativa de compreender melhor os pontos levantados fica por conta de quem recebe o coaching.

Como suposto beneficiário de um feedback construtivo, muitas vezes você tem de tomar a iniciativa para fazer o coach ou avaliador de desempenho se concentrar nos pormenores. Você precisa desses detalhes, a fim de entender suas deficiências de habilidades para que possa optar por ações construtivas para melhorar.

Seguem alguns exemplos do que você pode fazer para ser mais proativo antes, durante e depois de uma reunião de avaliação de desempenho ou sessão de coaching:

- Antes da sessão ou reunião, escreva sua própria avaliação de seus pontos fortes e fracos, com base nas suas habilidades. Suas anotações lhe darão o contexto para fazer perguntas.

- Não se acanhe em fazer perguntas. Não significa que você esteja discutindo ou discordando. Seu foco deve ser a compreensão. As perguntas podem ser simples, como: "Você poderia explicar essa questão com mais detalhes? Poderia ser mais específico? Quais habilidades devo trabalhar para lidar com esta questão? Que ações específicas você me aconselha a tomar?"
- Esteja ciente de que a avaliação de desempenho de fim de ano raramente é a melhor circunstância para obter coaching. Os avaliadores têm inúmeras avaliações para fazer em um curto período e podem ficar tão nervosos quanto os avaliados. Se você ficou confuso com partes do feedback e se as perguntas mais simples não foram suficientes para esclarecer os pontos levantados, sugira outra reunião de follow-up, na qual você e o avaliador tenham mais tempo para discutir o feedback e as críticas.
- Reconheça a possibilidade de que seu chefe atual não seja seu melhor coach (e talvez nem seja bom nisso). Você pode passar por períodos no trabalho em que não tenha um chefe hábil em fornecer feedback construtivo. Consequentemente, precisará proativamente buscar a opinião de outras pessoas que o observam, mesmo que não reportem a você. Essas fontes de coaching podem ser inestimáveis. Faça a elas perguntas para sondar quais são seus pontos fortes e fracos – e esteja preparado para fazer o mesmo, caso solicitem seu feedback.

O esforço para avaliar as habilidades não engloba política, conexões e popularidade e não deve levar em conta aspectos como boa aparência e outras características pessoais não facilmente modificáveis. Não se trata de "bom" e "ruim". Pelo contrário, o objetivo é enfrentar a realidade e entrar em detalhes claros, relacionados com competências. Munido dessa compreensão, você poderá, então, se concentrar nas ações que precisará tomar. Essa abordagem exige que você desenvolva uma estratégia, que pode envolver exercícios específicos, experiências profissionais ou treinamento. Por outro lado, a abordagem pode impactar suas decisões a respeito de seleção da equipe, ambiente de trabalho e atribuições de tarefas. Finalmente, depois de um período razoável, você provavelmente vai querer voltar a seu chefe ou coach e avaliar seu progresso.

Crie uma checklist de habilidades

Ao iniciar esse processo, é mais fácil começar com uma linguagem comum. Especificamente, o que quero dizer com o termo "habilidades"? Seguem alguns exemplos:

Comunicação escrita.

Habilidades de oratória/apresentação.

Habilidades interpessoais.

Habilidades de escuta.

Habilidades analíticas (não necessariamente quantitativas).

Capacidade de organização, incluindo a de estabelecer prioridades.

Capacidade de delegar.

Habilidades para vendas.

Habilidades para desenvolver relacionamentos.

Habilidades de negociação.

Capacidade de confrontar os outros de forma construtiva.

Habilidades de coaching.

Habilidades matemáticas e quantitativas.

Habilidades conceituais (capacidade de ver o todo).

Capacidades físicas (se relevantes para o trabalho).

Habilidades para aprender uma segunda língua.

Conhecimento técnico específico e expertise na área (incluindo as áreas técnicas, como contabilidade, tecnologia etc.).

Muitas vezes, as pessoas passam grande parte do tempo em sessões de feedback, sem claramente abordar essas habilidades específicas. Por quê? Em muitos casos, a pessoa que fornece o feedback não relaciona seus comentários com o desenvolvimento de habilidades, e o avaliado não pergunta sobre habilidades específicas. Nenhuma das partes tem a mentalidade voltada para as habilidades.

"Não vou" *versus* "não posso"

Um empresário recentemente me pediu conselhos sobre como descobrir seus pontos fracos. Ele parecia determinado a demonstrar que estava atento, autoconsciente e disposto a ser autocrítico e voluntariamente me contou que havia tarefas as quais se recusava a fazer. Por exemplo, assumiu: "Não gosto de recolher minhas roupas em casa e me recuso a limpar minha mesa no escritório."

Perguntei se ele acreditava ser desorganizado.

"Não", respondeu, rapidamente. "Não, não sou *desorganizado*. Só não gosto de recolher minhas roupas ou me preocupar muito com a limpeza do escritório."

Respondi que, embora fosse uma observação interessante, não parecia ser fundamentada em habilidades. Ele estava descrevendo uma escolha, em vez de uma capacidade. Então, pedi que se concentrasse em uma lista de habilidades, conforme descrita neste capítulo. Quando ele o fez, disse não ter certeza se possuía algum ponto fraco.

Obviamente, aquilo não podia ser verdade. O verdadeiro problema era que ele não tinha pensado em suas deficiências como se fossem *de fato* pontos fracos. Era muito mais fácil para ele listar o que "odiava fazer" que admitir que havia certas habilidades fundamentais com as quais ele tinha dificuldades, porque admiti-las significaria que ele não era tão sensacional quanto supunha – em outras palavras, que ele realmente tinha pontos fracos. Eu disse que tinha plena certeza de que ele era ineficiente em, pelo menos, uma ou duas categorias de habilidades e que ele deveria tentar novamente, desta vez usando uma lista de habilidade como modelo.

Avaliações de pontos fortes e fracos devem se concentrar em suas capacidades. Parece tão óbvio, mas muitas pessoas optam pela tergiversação. Seus chefes optam por não confrontá-lo porque não querem aborrecê-lo ou por não terem se preparado adequadamente para serem específicos. Talvez você não queira ouvir a verdade, porque é uma característica da condição de ser humano, e ouvir alguém falar sobre suas falhas gera desconforto. Por isso, é mais fácil discutir generalidades, mas, embora possa parecer mais agradável e seguro, não vai ajudá-lo a identificar as questões-chave e, em última análise, a melhorar.

Vamos tentar um exercício concreto. Consulte a lista de habilidades apresentada anteriormente, que não pretende ser exaustiva, mas ajudá-lo nos primeiros passos. Dê uma nota a si mesmo para cada habilidade da lista, utilizando uma escala de 1 a 10 (na qual 10 significa excelente). Outra opção é criar três colunas – mais, menos e "não sei" – e colocar cada uma das habilidades em uma delas.

O prisma: suas habilidades em relação a um trabalho ou tarefa

Agora, aprofunde a análise. Suas capacidades estão à altura das necessidades de uma tarefa ou trabalho? Pontos fortes e fracos não são absolutos, mas avaliações qualitativas de suas habilidades em relação a algo.

No mundo dos testes padronizados, o parâmetro são as habilidades de um grupo de pares. Em um trabalho, o parâmetro são as exigências das atribuições da função.

Por exemplo, pela maioria dos padrões, corro rápido (um ponto forte). No entanto, se você me pedisse para correr os 100 metros rasos nas Olimpíadas, eu seria considerado lento (um ponto fraco). Em comparação com meus colegas do ensino médio, eu receberia um 10; no contexto de atletas olímpicos, eu assistiria à corrida da arquibancada, porque receberia um 1 ou um 2.

Para avançar com a análise de seus pontos fortes e fracos, você precisa ter um trabalho ou uma tarefa em mente – o atual ou um futuro. A existência de um grupo de pares que execute o trabalho com alto nível de proficiência é inerente a essa análise.

Regularmente sou procurado por alunos que estão considerando uma gama de ofertas de emprego. Antes de chegar às suas próprias características e capacidades, primeiro pergunto quais as tarefas específicas mais críticas para cada trabalho. Poucos conseguem me dar uma boa resposta. Enfatizo que as tarefas-chave, essenciais para um alto desempenho em cada trabalho, são susceptíveis a drásticas variações. Devido à grande disparidade entre as competências exigidas, seria uma visão realista pensar que uma pessoa pode ser excelente em todas?

Na maioria dos casos, os alunos percebem que, apesar de terem ido a inúmeras apresentações de empresas e, inclusive, se reunido com funcionários de vários níveis hierárquicos, os entrevistados não se concentraram especificamente na questão das competências-chave. Mais frequentemente, avaliaram a simpatia das pessoas que conheceram e analisaram se o ambiente de trabalho parecia consistente com seus valores e aspirações. Esses critérios são importantes, mas esse tipo de avaliação não substitui uma análise crítica das tarefas essenciais para o sucesso no cargo.

Você deve fazer perguntas importantes, como: O que faz um grande "profissional desta área"? O que, nesta empresa (ou departamento), distingue um bom profissional de um ótimo? Quais são as principais tarefas que devo desempenhar bem? Com base nessas tarefas, quais são as habilidades mais importantes de que preciso se eu quiser ser bem-sucedido aqui?

As necessidades mudam com o tempo

Ao fazer essa análise, é importante reconhecer que as respostas a essas perguntas podem mudar ao longo do tempo. Por exemplo, um trabalho no setor bancário (minha antiga profissão) exige excelentes habilidades quantitativas e analíticas na fase inicial da carreira. Além disso, é preciso ter (ou rapidamente desenvolver) expertise na área, em relação aos mercados e setores específicos. As habilidades de pesquisa, escrita e comunicação eficaz ajudam muito.

À medida que você se torna mais sênior, habilidades interpessoais e de comunicação ganham importância. Nesse momento, as habilidades conceptuais também se tornam mais críticas. Você consegue se colocar no lugar do CEO, e – após o levantamento de todos os fatos e análises – elaborar um parecer geral sobre qual ação faz mais sentido para a empresa? Você não tem de ser magnífico em todos esses aspectos desde o primeiro dia, mas precisa acreditar que, com trabalho árduo e experiência, você terá o potencial para, em última análise, se destacar pelo menos em algumas das principais habilidades exigidas para o cargo.

Nunca é cedo ou tarde demais para fazer essas perguntas. À medida que o mundo e os setores mudam, as exigências de cada emprego acompanham a mudança. Além disso, à medida que você se torna mais sênior, as habilidades necessárias também serão outras. Por todas essas razões, sua avaliação de competências deve ser um exercício dinâmico, atualizado regularmente.

Assuma a responsabilidade por fazer este exercício – agora!

Quando você deverá iniciar esse processo? Minha resposta é: "Agora." Se você é um jovem talento que acabou de iniciar a carreira, a maioria das empresas o ajudará a determinar os requisitos e as habilidades específicos de determinado trabalho. No entanto, elas também vão esperar que você tenha feito a sua parte no árduo trabalho de avaliar suas próprias capacidades em relação às exigências de um cargo específico da empresa.

À medida que você avançar na carreira, a empresa vai presumir que você atualizará suas análises de acordo com as mudanças do trabalho, das habilidades exigidas e do setor. À medida que progride, você provavelmente vai precisar trabalhar mais para buscar coaching e receber conselhos daqueles que o observam de perto. Por conta do desafio de realizar o trabalho, gerenciar pessoas, resolver problemas de clientes e dar conta do caos geral do dia a dia profissional, muitos de nós deixamos o foco em nossas habilidades de lado em algum momento da evolução na carreira.

Todos podemos nos lembrar de alguém que teve um grande início de carreira e, então, por alguma estranha razão, pareceu desvanecer. Minha experiência me diz que isso geralmente acontece porque a pessoa nunca adquiriu o hábito de fazer essa análise ou por não conseguir atualizá-la e se adaptar às novas necessidades de suas atribuições, que aumentaram. A incapacidade de adquirir o hábito de pensar profundamente sobre as capacidades necessárias a determinado trabalho invariavelmente traz consequências. Esse esforço exige contínuas reflexão e análise e lhe fornece um alvo no qual deve mirar à medida que desenvolve suas habilidades.

Você precisa ser excelente em tudo?

O gerente de vendas de uma empresa de software do Meio-Oeste dos Estados Unidos, de 40 anos, queria melhorar suas habilidades para poder se destacar no trabalho e subir na hierarquia da empresa. Ele trabalhava na organização desde a fundação – era um dos oito funcionários originais – e foi promovido quando a empresa atingiu os US$250 milhões em vendas anuais e superou os 750 funcionários no quadro de colaboradores. Seu cargo atual era diretor global de vendas, cujo departamento tinha aproximadamente 45 funcionários. Enquanto fazia um curso de treinamento executivo na Harvard Business School, ele veio falar comigo sobre suas aspirações profissionais.

Ele se descreveu como enérgico e um leitor voraz de publicações do setor e informações na Internet. Mesmo assim, se perguntou em voz alta se estava fazendo o suficiente para "acompanhar a área e a evolução dos clientes".

Pedi que ele citasse as três principais habilidades necessárias para se destacar no cargo. Primeiro, ele mencionou habilidades de relacionamento com o cliente e conhecimento do produto. Então, explicou que as competências de gestão cada vez mais se tornavam parte fundamental de seu trabalho. Mais especificamente, continuou ele, um gerente de vendas de destaque tinha de ser muito experiente no que dizia respeito ao foco no cliente, contratação de talentos-chave, clara articulação de prioridades, coaching e delegação de tarefas.

Pedi que ele se classificasse em uma escala de 1 a 10 para cada um desses aspectos. Ele se deu notas altas em relação às primeiras habilidades – notas 8 e 9, – mas apenas 5 em contratação de talentos-chave, definição de prioridades, coaching e delegação de tarefas.

Com base nessa classificação, perguntei se ele tinha desenvolvido uma estratégia para lidar com essas deficiências.

Ele confessou que realmente não tinha pensado nisso; só sabia que precisava melhorar, o principal motivo de estar participando de um programa de treinamento executivo da Harvard Business School. Ele perguntou se de fato merecia o 8 ou 9 que tinha dado a si mesmo em todas essas habilidades. Não era suficiente ser um excelente vendedor, especialista na oferta de produtos, mesmo que não fosse tao forte no gerenciamento de pessoas? Particularmente, ele não poderia apenas decidir passar mais tempo com os clientes e promover um de seus talentosos subordinados ao cargo de diretor de operações? O COO poderia assumir a liderança na contratação e nas tarefas de gerenciamento do dia a dia, enquanto ele se concentraria na estratégia global, construindo relacionamentos com os clientes e dando coaching para vendedores de campo durante as visitas a clientes.

Era uma abordagem razoável para conseguir que o trabalho fosse realizado. Ele não precisava ganhar um 10 em todas as habilidades, mas se unir à equipe para realizar um trabalho nota 10.

Como eu já disse, um de seus principais objetivos deve ser se tornar mais consciente de seus pontos fortes e fracos. Depois, você pode decidir se deve trabalhar em abordar suas deficiências ou desenvolver ainda mais suas habilidades, enquanto delega certas funções a quem tem maior aptidão nas áreas de maior dificuldade para você. Você precisa agir para melhorar sua eficiência no âmbito geral, em vez de buscar a excelência em todas as habilidades.

Em última análise, o gerente de vendas decidiu por ações combinadas: delegou algumas tarefas-chave para a recém-criada posição de COO e buscou coaching para ajudar a melhorar algumas de suas habilidades-chave de gerenciamento.

Você precisa de coaching para isso

O processo de coaching é muitas vezes mal compreendido. Para desenvolver um parâmetro realista de avaliação de suas capacidades, você precisa recorrer às pessoas que possam observá-lo e que estejam dispostas a lhe dizer verdades que você pode não querer ouvir. Encontrar essas pessoas é difícil. Ninguém quer ofendê-lo desnecessariamente. Para incentivá-las a lhe dar conselhos sinceros, você precisa lhes mostrar que está disposto e convencê-las de que deseja e precisa de sua ajuda.

Neste ponto, vamos fazer uma nítida distinção entre coaching e mentoring. Ao longo dos anos, ouvi muitas pessoas me dizerem que estão recebendo excelente coaching de mentores externos. Esses conselheiros nunca puseram os pés na organização nem as observaram de perto no dia a dia. Muitas dessas mesmas pessoas voltam a mim depois de receberem avaliação de desempenho anual de seus chefes ou conselhos de administração e ficam perplexas pelo fato de o avaliador ter apontado deficiências jamais mencionadas pelo mentor e das quais o próprio mentor discorda. Elas tendem a acreditar que haja algo de errado com o processo de avaliação da empresa e se ressentem com os avaliadores que levantam essas questões.

A confusão está na drástica diferença entre mentoring e coaching. Embora essas duas atividades tendam a ser consideradas intercambiáveis, elas não têm, de forma alguma, o mesmo sentido.

Mentoring é um tipo particular de interação, na qual a pessoa orientada relata uma história ao mentor e recebe conselhos em relação a essa história específica. O problema é que o conselho do mentor se restringe àquele próprio fato. Infelizmente, cada um de nós tem pontos cegos que impactam a qualidade da história que relatamos a um terceiro. Como resultado, o processo de mentoring muitas vezes deixa de atacar os principais pontos fracos que se relacionam com pontos cegos significativos da pessoa sob orientação.

Coaching, em contrapartida, requer observação direta e regular. O coach observa a pessoa em ação e, com base nessa observação, identifica as deficiências de habilidades específicas e outros comportamentos que merecem atenção.

Em algumas organizações, os funcionários seniores regularmente treinam o pessoal júnior, mesmo sem qualquer solicitação por parte dos menos experientes. Em muitas outras, no entanto, um funcionário sênior só o fará em resposta a um pedido explícito de coaching. Como resultado, a menos que solicitado especificamente, os mais seniores podem esperar até a avaliação de desempenho de fim de ano para destacar deficiências de habilidade. É por isso que muitas pessoas se declaram chocadas com as críticas que recebem nas avaliações de desempenho.

Você pode ter a sorte de ter um coach que o observe, seja perspicaz e cuidadoso o suficiente com você para explicar seus insights de forma que você possa entender. Pela minha experiência, é geralmente necessário solicitar esse tipo de coaching, pois muitos gerentes seniores podem preferir não correr o risco de ofendê-lo, se puderem evitar.

Um bom coach também lhe dará uma ou duas sugestões específicas de formas de aprimorar uma habilidade em particular. Para isso, o coach precisa conhecer seu trabalho bem o suficiente para oferecer bons conselhos e ter refletido muito sobre a questão para que sejam específicos e factíveis.

Finalmente, um bom coach se dispõe e é capaz de fazer follow-up. É aberto a ouvir e acompanhar seu desenvolvimento e oferece sugestões de follow-up que o ajudam a seguir em frente.

Essa noção de coaching ajuda a explicar por que muitas pessoas não recebem boas orientações de membros do conselho de administração, de estranhos ou de terceiros. Como já vimos, esses últimos não o observam em uma base regular. Portanto, só podem responder a uma narrativa que você cria, que possa refletir pontos cegos significativos.

Outra variação sobre o processo de coaching envolve a obtenção de um coach profissional externo. Venho usando essa técnica com constância, e ela pode ser útil, especialmente quando coaches internos tentam, mas ainda assim não conseguem obter relevante avanço com a pessoa sob orientação. O coach externo entra em ação e entrevista pessoas que trabalham diretamente com o orientado. Então, ele repassa a informação ao orientado (geralmente sem indicar a fonte) e faz sugestões sobre como ele pode resolver os problemas.

Essa abordagem funciona melhor quando utilizada exclusivamente para fins de desenvolvimento, em vez de avaliação, para que o orientado não sinta que está sendo julgado. Não deve ser sua primeira escolha, mas vale a pena tentar, se necessário. Já vi essa abordagem ajudar talentosos profissionais a ganhar mais autoconsciência, se tornar mais abertos a críticas construtivas e passar pela parte mais difícil do processo de perceber que precisam se aprimorar e descobrir como alcançar esse resultado.

Por que o coaching não é mais difundido?

A maioria das pessoas com quem converso, seja em grupo ou individualmente, diz não ter um coach no trabalho. No entanto, na busca pela forma física, elas prontamente admitem ativamente buscar e receber o excelente benefício de contar com um personal trainer. Elas não se dão conta de que é tão importante procurar um coach no trabalho quanto um personal trainer na academia.

O nível de coaching pode mudar ao longo do tempo. Funcionários recém-contratados normalmente relatam que o coaching que recebem é eficaz. Quando os profissionais já têm alguns anos de carreira, no entanto, cada vez mais sentem que não recebem mais o auxílio do coaching. Quanto maior for o nível hierárquico do executivo, será menos provável que receba coaching. Não é à toa que jovens profissionais promissores muitas vezes perdem o rumo à medida que suas carreiras se desenvolvem.

É estarrecedor. Com todo o tempo e dinheiro gastos em processos de coaching e avaliação de desempenho, como é possível? Todo esse esforço dedicado ao desenvolvimento de pessoas é um desperdício?

O segredo para obter o benefício de um coaching eficaz é *você*. Você realmente quer ser orientado? Está disposto a buscar o coaching ativamente ou vai passivamente esperar que ele chegue até você? Quando o recebe, você o escuta e aceita ou se sente compelido a explicar por que o coach está errado? Você acaba não gostando ou culpando o treinador? Você realmente quer ser criticado? Você diz que quer receber coaching, mas envia uma clara mensagem de que não quer ouvir feedback construtivo?

Como observamos, alguns recém-contratados sentem que recebem um bom apoio do processo de coaching no estágio inicial em um emprego. Então, o que acontece nos meses e anos seguintes? Mudamos de emprego ou somos promovidos. Novas pessoas passam a nos observar e deixamos de construir novos relacionamentos que nos dariam o valioso coaching de que precisamos.

Seja qual for o caso, o esforço deve começar com você. Sua mentalidade deve ser a de que a obtenção de coaching é sua responsabilidade. Você vai se surpreender com o número de pessoas que tentarão ajudá-lo se você estiver disposto a solicitar esse auxílio. As pessoas respeitam e se dispõem a ajudar aqueles que buscam ajudar a si mesmos.

Seus subordinados podem ser úteis nesse processo

A nova CEO de uma organização sem fins lucrativos estava frustrada. A organização ajudava crianças desfavorecidas por meio de uma variedade de processos de mentoring, atividades extraescolares e programas de tutoria de verão. A empresa era capitalizada e tinha boa reputação. O fundador saíra para trabalhar no governo, mas a maioria do Conselho de Administração original permaneceu. A nova CEO fora vice-presidente do fundador por muitos anos.

Historicamente, suas avaliações de desempenho anuais com o CEO e o Conselho de Administração sempre foram excelentes. Na primeira avaliação após um ano no cargo de CEO, porém, a história foi diferente. O Conselho de Administração manifestou várias preocupações em relação às suas habilidades corporativas, sugerindo que ela vinha realizando muitas tarefas sozinha e não dedicava energia suficiente para dar coaching aos subordinados diretos. Nos oito anos em que está na organização, foi a primeira vez que recebera esse tipo de crítica. Embora o Conselho tenha dado apoio e incentivo, ela saiu da reunião de avaliação insegura com relação às críticas. Não sabia como interpretá-las e por que isso estava acontecendo agora.

Ela veio me visitar em meu escritório e perguntou: "O que mudou?"

Quando passei a pergunta de volta para ela, ela se perguntou em voz alta se talvez os membros do Conselho sentiam falta do CEO anterior. Talvez ela não tivesse feito um bom trabalho de construir relacionamentos com eles – o que, é claro, nunca precisara fazer antes. Ela não tinha certeza se gostaria dessa nova função e inclusive me perguntou sobre opções de carreira que poderia buscar no caso de decidir deixar a empresa.

Sugeri que ela anotasse as três tarefas mais importantes necessárias para obter a excelência em seu cargo anterior. Então, pedi que fizesse o mesmo exercício para o trabalho atual. Em que diferiam? Como ela avalia suas habilidades no novo emprego?

Acontece que o CEO anterior tinha feito a maior parte do coaching dos funcionários da empresa sem fins lucrativos. Ele tinha estabelecido e comunicado a visão e treinado as pessoas com essa visão em mente. Na função anterior, a nova CEO contava com esse recurso e, basicamente, executava as diretrizes articuladas pelo chefe. Na verdade, como ela começava a perceber, também atuara como coach informal do CEO anterior, fornecendo informações úteis e conscientização, quando necessário. Na nova função, era ela agora quem tinha de definir a visão, comunicá-la e fornecer coaching. Ela não se dera conta disso completamente e não tinha qualquer experiência real. Assim, precisava de ajuda e aconselhamento.

Eu a incentivei a identificar um ou dois subordinados em quem confiasse e de quem poderia pedir conselho. Ela nunca seguira essa prática com os próprios subordinados, embora seu antecessor o tivesse feito com ela.

Poucos meses depois, ela relatou que agora entendia as razões do feedback que o Conselho de Administração lhe dera. Na verdade, eles estavam tentando ajudá-la. Após a avaliação do Conselho, ela havia começado a ativamente solicitar orientação e feedback dos subordinados-chave, o que se provara extremamente útil. Ela percebeu que, pela primeira vez em anos, estava melhorando e desenvolvendo novas habilidades. "Acho que vou me sair muito bem na nova função", afirmou. "Percebi que *de fato* gosto do trabalho. Apenas tive de fazer alguns ajustes e aprender a executá-lo."

Você busca treinamento dos subordinados à medida que avança na carreira? A despeito de qual seja seu setor ou função, a avaliação dos requisitos fundamentais do trabalho, de suas próprias capacidades e o desenvolvimento de abordagens para lidar com suas deficiências são práticas vitais para o sucesso.

O que fazer com relação à incompatibilidade de habilidades?

Você deve pensar em mudar de emprego?

A história que acabou de ler é típica de pessoas promovidas que se sentem desconfortáveis na nova posição. Há muitas razões para surgirem incompatibilidades de habilidades. Talvez elas tenham escolhido o trabalho errado. Talvez, como a nova CEO da organização sem fins lucrativos, tenham sido promovidas. Talvez o mundo tenha mudado e, consequentemente, as exigências do trabalho também. Talvez seus pontos fortes fossem tão irrefutáveis que pessoas-chave com quem elas trabalhavam compensassem os pontos fracos – até o dia em uma delas deixou a empresa, e suas deficiências começaram a dificultar seu desempenho.

Para você, o primeiro passo é avaliar a situação. Se houver incompatibilidade, você precisa detectar as razões e tomar uma ação construtiva.

Talvez seu chefe possa ajudar

Um jovem supervisor de produção de uma empresa de bens industriais começou a acreditar que não era adequado ao cargo que ocupava. Não foi um julgamento superficial, ele tinha feito o dever de casa: trabalhara diligentemente na avaliação de seus pontos fortes e fracos. Pedira conselho ao chefe direto e a colegas e subordinados em sua unidade de trabalho. Confrontara suas impressões com as opiniões de várias pessoas de fora do local de trabalho, mas que conheciam suas habilidades. Ele pensara profundamente sobre as necessidades mais críticas de seu cargo.

O que ele aprendeu? Concluiu que a pessoa na posição que ocupava precisava ser analítica, boa em gerenciamento de pessoas e capaz de se concentrar no aprimoramento e na compreensão dos processos, de forma mais ampla. "Mas a verdade é", admitiu, "não sou bom no que se refere à melhoria de processos, uma exigência do trabalho. Sou bom gestor de pessoas, mas não a considero uma habilidade particularmente forte ou distintiva para mim. Sou bom em redação, comunicação e vendas. Parece que trabalho melhor com colaboradores externos. Acho que sou melhor em construir relacionamentos com clientes que em conduzir um chão de fábrica".

Tudo isso o levou a se perguntar se deveria começar a procurar novas oportunidades em outras empresas. Ele ainda não tinha tomado essa decisão porque gostava da empresa, do ambiente e tinha orgulho do fato de produzir um produto.

Perguntei se não havia uma solução viável que lhe permitisse permanecer na organização. Talvez seus chefes tenham apreciado muito sua postura e iniciativa de fazer uma ponderada autoavaliação e poderiam estar altamente motivados a encontrar uma maneira de mantê-lo na companhia?

Ele decidiu ter uma conversa séria com o chefe, que respeitou sua iniciativa de levantar essas questões e o incentivou a marcar reuniões com várias outros funcionários seniores da empresa. Em cada reunião, ele descrevia seus pontos fortes e fracos, bem como seu desejo de encontrar uma maneira de continuar avançando na organização. Vários dos funcionários mais experientes sugeriram que ele poderia se adequar muito bem à função de vendas. O timing fora providencial, porque a empresa trabalhava para melhorar a qualidade do esforço de vendas como prioridade estratégica vital.

Como resultado dessas discussões, ele deixou a função no setor de produção e foi para o departamento de vendas; acabou se identificando bastante com o setor e se destacando desde o início, cheio de entusiasmo. Ele relatou, um ano depois, que já tinha sido promovido e era provável que crescesse muito mais na empresa na nova função que na anterior.

Essa mudança na carreira não poderia ser facilmente vislumbrada com antecedência e se tornou possível somente porque ele de fato se dedicou ao trabalho de tomar consciência de suas habilidades e, em seguida, confrontá-las com as principais tarefas da função atual e, posteriormente, da futura. Ele também tomou o grande passo de buscar aconselhamento e coaching. Seu fantástico desempenho na função anterior criara uma nítida e sólida base para a mudança de departamento, o ajudara a demonstrar todo o seu potencial e a avançar na carreira.

Muitas pessoas estão na empresa e no setor corretos, mas na função errada. Para outros, é necessário mudar de empresa ou setor para que suas habilidades se tornem compatíveis com a função. Seja qual for o caso, será mais fácil e prático visualizar e realizar esse movimento se você fizer a análise proposta aqui e ganhar autoconsciência.

Você não precisa ser bom em tudo

Vale a pena repetir: você não tem de ser bom em tudo.

Já trabalhei com muitos profissionais que tinham um ou dois pontos fortes e uma série de pontos fracos em relação ao trabalho que realizavam, o que não necessariamente significava que eles precisariam deixar seus empregos.

Por exemplo, uma profissional júnior, que trabalhava em uma empresa de serviços financeiros, não tinha certeza se deveria continuar na organização. Seu talento analítico, conhecimento de mercado e habilidade com clientes eram excelentes. Por outro lado, as competências quantitativas não eram seu forte, e sofria quando precisava fazer modelagem financeira. Alguns pares insinuavam que, se ela não era boa em termos quantitativos, provavelmente não poderia competir de forma eficaz e se destacar neste trabalho. Eles sugeriram que ela considerasse a possibilidade de se desligar da área do negócio que envolvia a escolha de ações individuais (*stock picking*) e avaliações de empresas e fosse para a área de vendas.

Ela recorreu a algumas pessoas mais experientes do departamento em busca de aconselhamento, que observaram que, apesar de suas habilidades quantitativas serem medianas, ela era tão boa em seus outros pontos fortes que poderia compensar os fracos se unindo a outras pessoas das equipes de atendimento ao cliente. Alguns funcionários mais experientes chegaram a confessar que tampouco foram bons em modelagem financeira, mas essa deficiência não os impediu de serem bem-sucedidos. Como consequência desse conselho, ela decidiu permanecer na função atual.

Quando atingiu níveis hierárquicos mais altos, percebeu que as novas funções exigiam menos conhecimento em modelagem, embora de fato tenha precisado se tornar hábil em avaliar o trabalho quantitativo de colegas. Descobriu que tinha habilidades suficientes para fornecer coaching aos subordinados sobre como concluir um trabalho quantitativo e pôde se concentrar com mais empenho em suas outras habilidades. Ela também se deu conta de que não era necessário fazer o trabalho sozinha e que poderia se cercar de colegas que ajudariam a compensar suas deficiências. No fim, ela se sobressaiu como uma das melhores profissionais do departamento e da empresa. Aprendi uma lição na minha própria carreira: as capacidades conjuntas de minha equipe precisavam complementar as minhas próprias habilidades e deficiências.

Desenvolva habilidades cruciais por meio de trabalho voluntário comunitário

Costumo regularmente perguntar aos jovens que solicitam meu conselho se estão envolvidos em atividades comunitárias e sem fins lucrativos que lhes permitam contribuir com seu trabalho e seus talentos. Eles costumam responder que gostariam de se engajar em um trabalho voluntário – talvez um dia –, mas agora não tinham tempo. Outros dizem que doações em dinheiro são sua principal forma de contribuição.

É fácil listar as inúmeras vantagens do trabalho voluntário comunitário. Primeiro, como você é talentoso e enérgico, vai ajudar sua comunidade e exercer um impacto positivo. Em segundo lugar, você vai sair de seu ambiente e ter a chance de experimentar novas habilidades em um contexto diferente. Você aprenderá muito sobre si mesmo e sobre suas capacidades e, ao mesmo tempo, ajudar outras pessoas.

Este tipo de atividade pode tomar diversas formas. Trabalho ativamente para uma organização sem fins lucrativos que ajuda crianças desfavorecidas. Cada aluno do programa recebe coaching de um adulto, que passa a conhecê-lo profundamente. Já vi inúmeros jovens adultos se tornarem coaches mais eficazes neste cenário. Em nossos eventos, em geral pedimos que o jovem adulto se levante em frente a uma numerosa plateia e descreva sua relação com o aluno. Para muitos participantes, é a primeira vez que fornecem coaching a alguém e que precisam falar em público. Eles têm a oportunidade de adquirir essas experiências e, muitas vezes, percebem que podem ser benéficas para eles.

Ao mesmo tempo, também recebem feedback dos alunos, bem como de muitos dos profissionais em tempo integral que dirigem o programa. Já vi muitas pessoas adquirirem mais compreensão de si mesmos e de suas habilidades e se tornarem mais confiantes de suas capacidades ao participar de atividades comunitárias como essa. É um aprendizado que os voluntários levam para o ambiente de trabalho e do qual fazem bom uso à medida que avançam na carreira.

Você precisa se responsabilizar por isso

O conceito central deste capítulo pode ser expresso de forma simples: apropriar-se do processo de compreender suas habilidades.

Trata-se de ter a mentalidade certa. Esse processo lhe fornece um roteiro para avaliar seus pontos fortes e fracos e exige que você seja proativo e não espere a avaliação de fim de ano. Ele o incentiva a tomar a iniciativa na busca de observações e conselhos dos que estão em uma posição mais favorável para observá-lo.

Volte às perguntas do início do capítulo e veja se pode desenvolver uma estratégia para respondê-las. Algumas de suas respostas mudaram?

Lembre-se de que a maioria das empresas e chefes não vai fazer isso por você. Se você tomar a iniciativa, no entanto, descobrirá que a própria empresa e outros colegas irão ajudá-lo ativamente. Sobretudo, você tem de fazer a transição e começar a se ver como o responsável por sua carreira e capacidade de desenvolvimento.

Outra maneira de aprender é ajudar os outros a desenvolver suas capacidades. Fornecer coaching e ajudar outra pessoa a avaliar suas capacidades pode ensiná-lo muito sobre como avaliar as suas próprias. Aproveite a oportunidade. Garanto que o retorno será muito maior que a contribuição.

Por fim, adquira o hábito de escrever seus pensamentos sobre essas questões. Pensar em como responder às perguntas deste capítulo é bem diferente de respondê-las de fato. Comprometer-se em escrever seus pensamentos irá ajudá-lo a consolidar suas ideias e levantará novas perguntas das quais você precisará para prosseguir.

Avaliar seus pontos fortes e fracos é um primeiro passo essencial para atingir seu potencial e lhe dará a base para realizar os exercícios descritos nos capítulos seguintes.

Ações sugeridas para follow-up

- Depois de terminar o exercício de avaliação de habilidades descrito neste capítulo, discuta-o com alguém que o observe regularmente no ambiente de trabalho.
- Se você estiver com dificuldades para escolher um coach, identifique funcionários seniores, colegas ou subordinados que poderiam orientá-lo. Agende um tempo para se reunir com cada um individualmente e se force a pedir feedback. Então, reflita sobre o que você aprendeu com essas reuniões.
- Escreva as três principais habilidades de que você precisa para se desenvolver se quiser se destacar no trabalho atual. Como suas habilidades correspondem às exigências do trabalho?
- Esteja disponível para ser coach de quem você regularmente observa. Então, reflita o que aprendeu sobre si mesmo e sobre suas capacidades a partir dessas interações.

CAPÍTULO 3

Encontre suas paixões

Busque o sonho

- Como identificar suas paixões?
- Como as paixões estão relacionadas com alto desempenho e sucesso material?
- Por que é tão difícil traduzir suas paixões em uma carreira produtiva?

Você já reparou que as pessoas altamente eficientes quase sempre afirmam amar o que fazem? Se você lhes perguntar sobre sua bem-sucedida trajetória, é provável que elas respondam que você tem de amar o que você faz para atingir um alto nível de desempenho. Elas vão mencionar a importância crítica de ter perspectiva de longo prazo e verdadeira paixão em uma carreira. Vários estudos sobre profissionais altamente eficientes apontam para uma forte correlação entre crença na missão, apreço pelo trabalho e alto nível de desempenho.[1]

Então, por que as pessoas muitas vezes são céticas em relação à ideia de que a paixão e a carreira devem ser integralmente relacionadas? Por que elas muitas vezes lutam para perceber claramente suas paixões e, em seguida, conectá-las a um plano de carreira viável? Quando ouvem o testemunho de alguém aparentemente feliz e realizado, elas muitas vezes dizem: "É fácil para ele dizer isso *agora*. Ele conseguiu chegar aonde queria. Não é tão fácil seguir esse conselho quando se está na minha posição!" O que elas não percebem é que conectar as paixões ao trabalho foi fundamental para que essa pessoa conseguisse chegar aonde chegou.

Esse desafio não surge apenas no início da carreira, mas nos acompanha ao longo da vida. Normalmente, a primeira vez que você depara com ele é na hora de escolher a carreira, e vai continuar a enfrentá-lo regularmente durante a vida profissional. Em algum momento, você pode se perguntar se não havia outro caminho que poderia ter seguido e começar a sentir profundos arrependimentos. Talvez questione se é tarde demais para perseguir seus sonhos.

Em vários estágios da carreira, você pode ter uma incômoda sensação de que os outros parecem estar mais satisfeitos com seus trabalhos que você. Talvez eles tenham seu próprio negócio ou façam alguma atividade não tão lucrativa quanto a sua – e, ainda, de alguma forma, parecem muito mais felizes que você. É verdade que a grama do vizinho sempre parece mais verde?

Ouço essas histórias e preocupações toda semana e me solidarizo porque venho lutando – e ainda luto – com essas questões. Falo regularmente com executivos que se aproximam de uma encruzilhada na carreira – pessoas que não querem permanecer na mesma atividade e estão tentando traçar um caminho que lhes permita continuar a aprender e a se sentir realizadas.

A busca da paixão

O objetivo deste capítulo não é determinar o que você deve pensar sobre essas questões, mas desafiá-lo a se tornar mais autoconsciente e disposto a ponderar sobre suas paixões. A única pessoa capaz de fazer um balanço do próprio aprendizado é *você*. Este capítulo se destina a ajudá-lo a focar você, não os outros e as opiniões de terceiros. Se você usar as pessoas e suas expectativas percebidas sobre você – ou as circunstâncias atuais – para justificar suas ações, este capítulo pode levá-lo a se questionar se está lançando mão desses aspectos como muleta ou desculpa. Você é o responsável por suas decisões passadas, presentes e futuras. A despeito das consequências, você tem o controle de suas ações, sejam positivas ou negativas.

Convido-o a pensar de que formas você poderia descobrir suas paixões. Este capítulo apresenta vários exercícios e modelos mentais que podem ajudá-lo a obter mais autoconhecimento e criar um melhor prisma para avaliar o quanto você gosta de seu trabalho atual ou possa vir a gostar de outro no futuro.

Em seguida, analisaremos como relacionar suas paixões com o sucesso profissional. Em particular, como incluir suas paixões nas escolhas por um trabalho e uma carreira. Existe algo que você possa buscar, além do trabalho diário, que poderia lhe fornecer um portfólio de atividades que o satisfazem?

Também discuto a possibilidade de você pensar sobre sua vida olhando em retrospecto e como essa visão pode influenciar seu pensamento hoje. Igualmente importante, falo sobre a questão do dinheiro e do sucesso material e exploro como ela se relaciona com a busca por suas paixões.

O timing e as etapas dessas análises provavelmente exigirão que você faça uma série de escolhas entre as opções mutuamente excludentes e desenvolva novos modelos mentais para pensar sobre a vida. Não recomendo qualquer modelo em especial, mas me concentro em ajudá-lo a explicitar suas escolhas. Em particular, discutiremos a importância de estar consciente em relação às opções mutuamente excludentes que você está fazendo, em vez de ser levado a elas de forma passiva.

Finalmente, vamos considerar os inúmeros impedimentos para realizar esse trabalho e discutir como você pode se tornar mais consciente em relação a eles e, portanto, tratá-los de forma eficaz. Uso a palavra "trabalho" para descrever este processo, porque o esforço para ganhar maior autoconsciência é um trabalho absolutamente difícil. É como se preparar para praticar um esporte que você ama ou buscar condicionamento físico, que exige que você use novos músculos e fortaleça outros que podem ter atrofiado. Como um bom atleta que esteja voltando à forma, você pode descobrir que a utilização desses músculos é desconfortável e até doloroso no início. No entanto, deve ser muito mais satisfatório, uma vez que você tenha obtido o hábito de realizar esse trabalho.

Compreendendo suas paixões

A palavra "paixão" é frequentemente usada em relação a emoções e sentimentos. Trata-se de entusiasmo. Tem mais a ver com o coração que com a cabeça.

Paixão é fundamental, porque alcançar seu pleno potencial requer uma combinação de coração *e* cabeça. De acordo com minha experiência, sua capacidade e habilidades intelectuais irão levá-lo até certo ponto. Independentemente do talento, você terá dias, meses e anos difíceis. Pode ser um chefe ruim ou talvez você fique desanimado e pense em desistir. O que o faz superar esses períodos difíceis? A resposta é *sua paixão*: é o combustível essencial que o ajuda a superar as dificuldades e a continuar, mesmo em momentos sombrios. A paixão emana de uma crença em uma causa ou do prazer que você sente em executar determinadas tarefas. Ela o ajuda a perseverar no aprimoramento de suas habilidades, superar as adversidades e encontrar significado no trabalho e na vida.

Paixões de início de carreira

Costumo pedir a meus alunos que descrevam suas paixões. Muitos dizem que ainda não sabem quais são as suas. Por quê? Por um lado, eles ainda não têm tanta experiência profissional e não conhecem profundamente as atividades diárias envolvidas em muitos empregos em potencial.

Como continuação do exercício, peço que pensem sobre suas aulas preferidas na universidade. A maioria imediatamente elege uma ou duas matérias. Porém, esse exercício pode ser capcioso, porque os alunos tendem a associar o que amam às matérias nas quais são bons e o que não gostam aos assuntos nos quais têm mais dificuldade. Você tende a se deixar levar pelas atividades para as quais recebe incentivo para realizar, mesmo que não sejam suas atividades favoritas. Os jovens também podem ser altamente influenciados a gostar do que os pais ou outros modelos gostam, ou querem que o jovem goste, além do que os colegas consideram bacana.

Para começar a busca pelo caminho correto, utilizo com os jovens uma combinação de exercícios e modelos mentais. Sei que, no início da carreira, eles terão experiências transformadoras e vão aprender, crescer e mudar de opinião. O principal é ajudá-los a escolher um trabalho em uma área de que gostem e na qual possam aprender. A partir de então, eles precisam ser suficientemente autoconscientes e confiantes para prestar atenção ao que reverbera neles. Esta abordagem geralmente exige que eles aprendam a filtrar alguns conselhos de pessoas que não perdem seu tempo tentando compreendê-los totalmente, mas que ainda se sentem no direito de projetar neles seu próprio entusiasmo, predileções e descontentamentos.

Paixões de meio de carreira

Em conversa com pessoas mais experientes, muitas vezes tenho de persuadi-los a mentalmente deixar de lado suas obrigações financeiras, papel na comunidade e expectativas de amigos, familiares e pessoas próximas. Para os profissionais de meio de carreira, pode ser particularmente difícil entender suas paixões, porque, em muitos casos, o custo de mudar de emprego ou de carreira é tão alto que não vale a pena sequer considerar a possibilidade. Por consequência, eles tentam não pensar muito profundamente se de fato gostam do que estão fazendo.

O problema para muitas pessoas em meio de carreira é o fato de passarem por uma estagnação que começa a alarmá-los e a diminuir suas perspectivas profissionais. Essa falta de progresso muitas vezes é um subproduto da falta de paixão pelo trabalho. Pode ser que a natureza do trabalho ou o mundo tenham mudado e, portanto, a missão da empresa e as atividades diárias da função já não despertem suas paixões. Em outros casos, nada mudou, exceto os próprios profissionais. Eles passam a querer obter mais sentido da vida e da carreira.

É claro que essas questões nunca são totalmente resolvidas. Por quê? Porque há muitas variáveis em jogo, e não podemos controlar todas elas. O desafio é ser autoconsciente.

O dilema da carreira do médico querido

Um grande amigo meu é um proeminente médico em uma cidade do Meio-Oeste dos Estados Unidos. Ele é amado pelos pacientes e muito respeitado na comunidade. Escolheu a medicina porque queria ajudar os pacientes e – sim – porque acreditava ser uma carreira lucrativa e de prestígio.

Depois de terminar o estágio e a residência, começou a trabalhar na rede privada, em uma parceria com três médicos mais velhos. Funcionou bem. Eles dividiam os fins de semana de plantão, e meu amigo lentamente amealhou uma grande clientela. Ele se associou ao country club local e se tornou um exímio jogador de golfe. Era um líder ativo na igreja. Ao longo dos anos, a parceria cresceu e foi necessário recrutar novos médicos. Os mais velhos finalmente se aposentaram, e meu amigo se tornou sócio majoritário do grupo.

Durante o mesmo período, a assistência médica administrada se tornou predominante, os custos do seguro contra erro médico aumentaram dramaticamente, e os custos administrativos da clínica dispararam. Seu salário líquido começou a diminuir, embora suas horas de trabalho viessem aumentando. Ele descobriu que, como sócio sênior, teria de passar mais tempo orientando o pessoal administrativo e menos tempo com os pacientes. Ele começou a ficar irritado com cada vez mais frequência. Por fim, começou a sonhar em desistir e partir para outra atividade.

Uma grande empresa farmacêutica o abordou com uma lucrativa oferta para entrar na parceria, ajudar a comercializar os produtos e dar palestras em todo o país, oferta que ele certamente teria recusado em outros tempos, mas, agora, estava tão cansado das dificuldades de gerir a própria clínica, que se sentiu compelido a considerá-la seriamente.

Ele veio se reunir comigo para discutir o que deveria fazer. Descreveu seu "ódio" atual pelo trabalho. Perguntei como poderia ser possível. Ele era incrível com os pacientes, ajudara tantas pessoas e tinha substancial experiência na prática médica e alto grau de sucesso em tratar doenças e manter os pacientes saudáveis. Acima de tudo, ainda era relativamente jovem.

Ele reagiu: "Ei, você é um homem de negócios. Você é a pessoa que mais deveria ser a favor de eu desistir e aceitar um emprego menos burocrático e mais lucrativo."

Respondi que não tinha tanta certeza em relação a isso. "Se você está deixando a medicina para fazer algo que ama, entendo. Caso contrário, devo admitir que *não* entendo. O que você gosta de fazer profissionalmente?"

Neste momento, a conversa chegou a um impasse. Em meio ao estressante caos da rotina de trabalho, ele percebeu que havia anos que não se fazia essa pergunta. Só sabia que odiava as enfadonhas tarefas administrativas e burocráticas.

Refletiu por alguns minutos sobre o que gostava e o que odiava fazer. "Sabe", finalmente disse, "devo dizer que ainda gosto muito de trabalhar com meus pacientes". Na verdade, explicou ele, era o que mais amava, acima de qualquer outra atividade sobre a qual pudesse pensar profissionalmente. Depois de falar um pouco mais, ele também percebeu que, se não pudesse mais exercer a medicina, sentiria muita falta. Não era de se estranhar que eu pudesse notar isso com mais clareza, já que ele estava profundamente imerso no estafante dia a dia de seu trabalho. Levantamos a hipótese de haver alguma maneira de delegar alguns de seus afazeres administrativos e deixá-lo mais livre para apenas se dedicar aos pacientes. Talvez isso significasse que ele deveria transferir sua afiliação para um hospital local. Talvez, trabalhar em outra clínica. Ele ainda não tinha certeza, mas sabia que valia a pena procurar uma resposta antes de mergulhar de cabeça em outra área da qual não gostasse tanto quanto amava praticar a medicina.

Por fim, ele encontrou uma maneira de reorganizar a parceria e delegar algumas de suas atividades administrativas. Também aprendeu a aceitar certa quantidade de trabalho administrativo, porque a alegria de ajudar os pacientes compensava. Foi uma escolha que ele agora tornava explícita, e seu foco em compreender melhor suas paixões ajudou bastante para essa decisão.

Exercícios para o desenvolvimento de novos músculos

A maior parte da rotina de trabalho é caótica. Na verdade, a vida é caótica, e, infelizmente, não podemos prever o futuro. Parece não haver tempo para refletir. Assim, como se espera que tenhamos qualquer perspectiva sobre essas questões?

Sugiro que você experimente vários exercícios que podem ajudá-lo a aumentar sua autoconsciência e desenvolver suas habilidades para entender melhor suas paixões. Eles também o incentivam a prestar mais atenção e se tornar mais consciente das tarefas e assuntos que você realmente considera interessantes e agradáveis.

Seu melhor lado

Este exercício envolve pensar no momento em que você estava no auge. Você era ótimo! Fazia um excelente trabalho do qual realmente se orgulhava. Você amava o que fazia e recebia substancial incentivo.[2]

Lembre-se da situação. Anote os detalhes. O que você estava fazendo? Quais tarefas executava? Quais eram os elementos-chave do ambiente, a missão e que tipo de impacto você exercia? Você tinha um chefe ou era seu próprio gestor? Esboce o cenário completo. O que você amava em relação ao trabalho? Quais fatores tornavam o trabalho agradável e o que o ajudava a se destacar?

Se você for como a maioria das pessoas, pode demorar a se lembrar de toda a situação. Não é que não tenha tido essas experiências; na verdade, você se desacostumou a pensar em uma época em que estava no auge e amava o que fazia.

Depois de delinear a situação, pense sobre o que pode aprender com essa lembrança. Quais são seus insights sobre o que o satisfazia tanto, os fatores ambientais críticos, os tipos de tarefas que você tinha prazer em realizar e assim por diante? O que essa lembrança lhe diz sobre o que você poderia gostar de fazer agora? Anote seus pensamentos.

Uma escolha ambivalente de trabalho de um aluno em início de carreira

Durante o segundo ano em que lecionei na Harvard, um de meus alunos de MBA veio se aconselhar comigo sobre sua procura por um trabalho. Em uma das empresas que conheceu, o ambiente era pesado, e suas tentativas de buscar um emprego não estavam sendo frutíferas. Ele procurava trabalhos muito semelhantes aos que seus colegas buscavam e vinha sendo preterido no processo de seleção.

Pedi que descrevesse do que ele mais gostava em relação aos empregos que vinha procurando. Ele explicou que não era tão apaixonado por aquele tipo de atividade, mas decidira seguir o que os colegas acreditavam serem os melhores empregos.

Perguntei se ele acreditava que iria gostar das tarefas-chave desses trabalhos. Ele tinha paixão pela missão dessas profissões? Para cada uma dessas perguntas, ele sombriamente me deu uma resposta ambivalente.

Sugeri que os recrutadores conseguiam observar a mesma ambivalência que eu via. Então, perguntei: "Por que você está na minha sala?"

"Bem, pensei que fazia sentido vir falar com você sobre minha procura por emprego e ver se você poderia me aconselhar."

Respondi: "Posso lhe perguntar o que você gosta de fazer?"

Ele fez uma pausa e disse que ainda tinha dúvidas. Embora tivesse 29 anos, ainda não tinha certeza de ter acumulado bagagem profissional suficiente para chegar a uma conclusão convicta sobre o assunto.

Pedi que pensasse no melhor momento de sua vida profissional, que considerasse seriamente minha pergunta por algum tempo antes de responder. Após um breve período, um grande sorriso surgiu em seu rosto.

"Conseguiu pensar em algo?", indaguei.

Sim, ele conseguira e descreveu o tempo em que assumira temporariamente o cargo de treinador principal de um time de futebol local de uma escola de ensino médio. Ele exercera essa atividade de meio expediente enquanto trabalhava no primeiro emprego que conseguira após se graduar na faculdade.

"Por que foi uma grande experiência para você?"

Ele explicou que a equipe vinha tendo um histórico de derrotas quando ele assumiu o cargo de treinador principal. Ele se concentrou intensamente em conhecer cada jovem, trabalhou para treinar cada um nos fundamentos e reorganizou algumas das posições para melhor atender às habilidades de cada jogador. Igualmente importante, ele havia conseguido infundir confiança à equipe e fazê-la focar em atingir seu melhor desempenho, em vez de se preocupar tanto com quem ganhava ou perdia cada jogo. Contou ainda que a equipe melhorou drasticamente e terminou a temporada com um recorde de vitórias.

O que ele poderia aprender com essa experiência e que poderia ajudá-lo a refletir sobre sua atual procura por trabalho?

"Bem", ponderou, "acho que realmente gosto de treinar e gerenciar pessoas. Tenho prazer em criar e trabalhar em um ambiente orientado para equipe. Adoro ensinar. Acredito que gostaria de trabalhar em uma empresa em que eu pudesse aprender a gerenciar uma unidade de negócios. Acho que realmente gostaria de gerenciar pessoas".

Perguntei qual dos atuais empregos que ele procurava lhe daria essa oportunidade. Seriam empregos que focavam gestão financeira? Não, provavelmente, não. Poderia ser um trabalho em uma empresa de consultoria? Nesse contexto, ele poderia aprender a gerenciar uma pequena equipe de projeto, mas provavelmente não teria a oportunidade de executar uma unidade de negócios considerável. Era provável que esses dois tipos de atividade tivessem mais relação com construção de habilidades analíticas e de assessoramento que com coaching, liderança e gestão de unidades de negócios ou empresas.

Ele concluiu que deveria considerar as opções que lhe permitissem fazer o que acreditava que poderia vir a gostar.

Finalmente, depois de várias semanas, aceitou uma oferta de uma empresa industrial que tinha um programa de treinamento de liderança, na qual ele poderia chegar a uma função gerencial de forma relativamente rápida. Na entrevista de emprego para essa posição, ele lembrou mais tarde, fora persuasivo, porque seu forte entusiasmo natural se manifestou de forma clara. Dois anos depois, ele me disse que estava muito satisfeito com sua escolha e feliz por não ter optado por empregos que talvez impressionassem os colegas, mas que não se encaixavam verdadeiramente com o que ele amava de fato. Ele estava no caminho certo.

A história desse aluno me surpreendeu, me fez me lembrar do poder da pressão dos amigos e de que a maioria de nós tem de fazer um esforço para lembrar os momentos em que nos sentimos mais satisfeitos. Essa história me marcou porque, desde que o conheci, era a primeira vez que o via feliz. Não consigo deixar de rir quando penso sobre esse jovem aparentemente sisudo, cujo rosto se iluminou quando começou a falar sobre suas paixões. Imagine o impacto dessa paixão nas pessoas com quem ele trabalha! Vi essa mesma situação ocorrer muitas vezes durante minha carreira: quando as pessoas trabalham no que amam, elas se destacam de formas surpreendentes.

A paixão é o combustível essencial que nos permite encontrar um porto seguro profissional, no qual permanecer e trabalhar nossas deficiências. Isso nos dá uma razão para continuarmos lutando para nos transformarmos em profissionais e seres humanos melhores.

O poder dos modelos mentais

Outra abordagem para ajudá-lo a pensar sobre seus desejos e paixões é a utilização de modelos mentais. Ou seja, presuma determinada situação e, então, me diga o que faria – e por quê. Seguem alguns exemplos desses modelos:

- Se você tivesse um ano de vida, como iria aproveitá-lo? A resposta lhe diz algo sobre suas paixões e sobre o que realmente gosta de fazer?
- Se você tivesse dinheiro suficiente para fazer o que quisesse, que trabalho ou carreira gostaria de seguir?
- Se você soubesse que seria muito bem-sucedido na carreira, qual escolheria hoje?
- O que você gostaria de dizer a seus filhos e netos sobre suas conquistas profissionais? Como explicaria a eles o que o levou a escolher sua carreira?
- Se você fosse outra pessoa e desse conselhos a si mesmo, o que você sugeriria a respeito da escolha de uma carreira?

Embora esses modelos mentais possam parecer tolos ou irreais, dedique um tempo para considerá-los, avalie e anote suas respostas. É provável que você se surpreenda com o que vai observar. Cada um deles tenta ajudá-lo a deixar de lado medos, inseguranças e a preocupação com a opinião dos outros – e a se concentrar no que você realmente acredita e deseja.

Infelizmente, há pessoas que realmente tiveram de responder à pergunta sobre o "tempo limitado de vida". Conheci algumas. A forma como lidaram com suas situações me ensinou sobre o potencial humano e a enorme capacidade de superar uma adversidade, quando temos uma verdadeira paixão por uma causa.

Três irmãs em busca da cura

Jenifer Estess era minha amiga, produtora de teatro aspirante, diagnosticada com ALS (esclerose lateral amiotrófica), também conhecida como doença de Lou Gehrig, em 1997, com 35 anos. Sua irmã mais velha, Valerie, era uma talentosa escritora, e a irmã mais nova, Meredith, trabalhava em um emprego no qual podia usar suas evidentes habilidades corporativas. As três irmãs eram muito próximas. Jenifer era solteira, e Valerie e Meredith eram, ambas, casadas e tinham filhos.

A ALS atinge cerca de cinco mil pessoas nos Estados Unidos a cada ano. Não existem tratamentos eficazes, e é quase sempre fatal dentro de três a cinco anos após o diagnóstico.

Quando confrontadas com o diagnóstico de Jenifer, as três irmãs fizeram extensas pesquisas sobre a doença e se consultaram com cientistas e médicos de ponta. Souberam que não havia tratamentos e foram aconselhadas a começarem a se preparar para a morte de Jenifer. A reação das três foi lutar. Sua motivação não era apenas ajudar a irmã, mas outros portadores da doença a evitar o sombrio prognóstico que enfrentavam. As irmãs sonhavam com o dia em que os portadores de ALS não teriam de enfrentar o mesmo desespero pelo qual elas passavam.

Sua paixão as levou a criar Projeto A.L.S., em 1997, e a trabalhar em tempo integral para arrecadar dinheiro para financiar pesquisas médicas inovadoras, fomentar trabalho em equipe entre pesquisadores e clínicos e se dedicar a encontrar um tratamento para a doença. Fizeram um enorme progresso e se tornaram líderes no campo da pesquisa de ALS. Seus esforços deram início a pesquisas e colaborações que, esperamos, encontrarão um tratamento para essa terrível doença.

Jenifer faleceu em 2003, mas a luta continua, impulsionada pela paixão das irmãs Estess e de muitos outros que se uniram à causa. As irmãs não tinham qualquer conhecimento ou formação médica. Na verdade, eram as últimas pessoas no mundo de quem se poderia esperar causar tão enorme impacto. Grande parte da explicação para esse impacto é sua paixão pela causa.

Espero que você não precise passar por esse tipo de desafio e tragédia. Ao mesmo tempo, também espero que você seriamente considere o que faria se algo assim acontecesse com você. Não espere por um diagnóstico terrível para, então, descobrir como gostaria de usar seu tempo. Além de passar um precioso tempo com a família e os amigos, existe uma causa ou missão que desperte sua paixão? Em caso afirmativo, por que esperar até deparar com um limite de tempo? Por que não buscar essa paixão agora, usando, pelo menos, parte de seu tempo?

Tente trabalhar com os modelos mentais apresentados aqui. Eles podem ajudá-lo a ter uma visão sobre o que ama e quais as tarefas de que poderia gostar. Esses modelos lhe trazem mais consciência e exercem influência positiva em suas decisões.

O papel das verdadeiras e falsas opções mutuamente excludentes

Invariavelmente, a discussão deste tópico leva à questão das opções mutuamente excludentes. Muitas pessoas acham que deve haver uma tensão inerente entre seguir paixões e obter uma carreira lucrativa. Já ouvi muitos estudantes dizerem que preferem agora seguir uma carreira que lhes dê dinheiro e buscar suas paixões mais tarde.

O problema desse raciocínio é que ele não leva em conta o poderoso impacto da paixão em uma carreira de sucesso e alto desempenho. Além disso, ele não considera que, uma vez que você trace um plano de carreira, pode ser extremamente difícil mudar radicalmente o rumo e recomeçar em uma área completamente diferente. Fazer uma mudança dentro de um mesmo setor ou empresa na qual o novo trabalho seja afim ao anterior é bem diferente de iniciar uma mudança radical de setor ou funções de trabalho sem antes dar um enorme passo para trás para se reorganizar e começar de novo.

Dinheiro versus *paixão: uma escolha com falhas*

De acordo com minha experiência – quase sem exceção –, você precisa ter um nível suficiente de paixão por seu trabalho atual, a fim de alcançar seu melhor desempenho. Claro, é provável que haja aspectos do trabalho dos quais você não gosta, mas é preciso haver várias atividades que *de fato* lhe deem prazer, se quiser alcançar a excelência e mantê-la por um período prolongado. A menos que você encontre um poço de petróleo, os benefícios financeiros normalmente *vêm com o tempo*, em geral depois de um longo período de alto desempenho. Se você acredita que um de seus principais objetivos é o dinheiro, precisa estar preparado para se sobressair por alguns anos.

Encontro muitas pessoas que fervorosamente acreditam querer maximizar dinheiro, status, poder e posição. Esses motivadores – por vezes, chamados de motivadores *extrínsecos* – não podem ser ignorados. Ao mesmo tempo, você não pode cometer o erro básico de ignorar motivadores *intrínsecos*, que incluem aprendizado, paixão pela causa, relacionamentos, desenvolvimento de competências, cultura, entrosamento, camaradagem e outros intangíveis.

Mais uma vez, para se destacar por um longo período, você precisa apreciar certo número de motivadores intrínsecos em seu trabalho. Portanto, é sua responsabilidade avaliar se um número suficiente desses fatores está presente no início de sua carreira.

Além de postergar as motivações extrínsecas, você precisa estar preparado para a possibilidade de que algumas delas nunca se materializem por conta de tendências mais amplas, como comoditização de produtos, novidades do setor e mudanças econômicas globais. Por outro lado, há também a possibilidade de que determinadas carreiras que você não pensou que pudessem ser lucrativas acabem lhe trazendo incríveis recompensas, se você verdadeiramente se sobressair.

Você deve aceitar o fato de que, a despeito do emprego, é improvável que se torne rico ou famoso ou salte para o topo da pirâmide hierárquica de uma empresa nos primeiros anos de carreira. Na verdade, é preciso um trabalho extremamente árduo antes de atingir muitos objetivos extrínsecos, mesmo nas carreiras mais lucrativas.

Enfatizo esses pontos porque regularmente recebo pessoas que escolheram empregos que ofereciam muitos dos objetivos extrínsecos que elas pensavam que desejavam. Depois de um breve período, elas começaram a perceber que não gostavam do trabalho o suficiente para lidar com as frustrações e os desafios típicos dos primeiros estágios de uma carreira. Os eventuais motivadores extrínsecos eram grandes, mas essas potenciais recompensas não as ajudavam a de fato ter prazer com a massacrante rotina.

De modo mais franco, elas não toleravam seus empregos, e a promessa de dinheiro no futuro não foi suficiente para mantê-las neles. Ficaram chocadas ao descobrir que era preciso haver uma generosa medida de motivação intrínseca (satisfação com as atribuições e crença na missão) para que suportassem os desafios diários do real trabalho.

Nenhum trabalho é perfeito, claro. Mas, para usufruir das recompensas que busca, você deve gostar suficientemente de um emprego para permanecer nele. Quanto mais satisfeito você estiver, maior a chance de ter a motivação necessária para lidar com suas deficiências, buscar coaching e se responsabilizar por aprimorar suas habilidades.

Por que algumas pessoas parecem se dedicar mais ao autodesenvolvimento e aprimoramento que outras? Seria sua inerente ética profissional? Na maioria das vezes, percebi que a paixão é o que lhes dá a energia e motivação para aplicar a ética de trabalho necessária para se destacar. Você tem paixão suficiente pelo que faz para sustentar sua ética de trabalho? Você precisa se fazer essa pergunta e respondê-la.

Por que você deve brigar por isso?

Esses conceitos parecem bastante simples. Então, por que é difícil fazer o esforço? Você pode estar pensando em todas as razões pelas quais luta para descobrir suas paixões e as para encontrar a disposição necessária para agir. Talvez os exercícios e as discussões deste capítulo o tenham ajudado, mas você ainda não tem certeza se pode colocar as ideias em prática.

Pela minha experiência, há uma série de motivos pelos quais as pessoas lutam com essas questões. Como mencionado no Capítulo 1, duas delas são a influência da pressão dos colegas e o poder do inconsciente coletivo. A pressão dos colegas pode incluir a tentativa de atender às expectativas de amigos, familiares e aqueles com quem convive. O inconsciente coletivo é o volume de conselhos e mensagens que constantemente recebemos sobre o que está em alta, o que é bacana, valorizado, apreciado, desejado e adequado. Essas mensagens são particularmente poderosas se você não tiver confiança e estiver inseguro sobre o que os outros pensam de você e sobre quem você é.

Você aprenderá mais no Capítulo 4 sobre sua história de vida, traumas, inseguranças e histórias pessoais negativas e descobrirá por que esses aspectos de sua vida o levam a fazer o que os outros querem, em vez de confiar em seus próprios pensamentos e instintos.

Outro entrave é a avaliação de sua situação atual. Muitas vezes, as pessoas justificadamente dizem: "Gostaria de pensar sobre isso, mas não posso me dar esse luxo, porque me sinto pressionado por questões financeiras, preciso desesperadamente deste trabalho, de um emprego, *qualquer* emprego; aquela história de 'caminho não convencional' já não existe há muito tempo; estou nesta carreira pela estabilidade; vou pensar sobre o que quero fazer quando me aposentar." Como discutido no Capítulo 1, uma das regras do percurso é que você deve se ajustar à realidade da situação. Todos nós temos de viver o aqui e agora e cumprir nossas obrigações para com a família e as pessoas ao nosso redor. Mas o importante é ter certeza de que você está fazendo esta escolha *explicitamente*, com base na situação atual. Você precisa ter cuidado para não adotar uma mentalidade que o aprisione em um ciclo vicioso, no qual você desconsidera o que gosta, porque começa a achar mais fácil evitar fazer uma escolha explícita.

Algumas dessas dúvidas soam familiares? Elas justificam o fato de você não se importar em investigar o que realmente lhe dá prazer. Algumas são compreensíveis, mas, ainda assim, você deve se perguntar por que as aceita. Ao considerar essas questões, achei que seria útil separar o *que* do *como*. Descobrir o *que* lhe interessa tem pouquíssimas desvantagens e muitas vantagens. Por outro lado, a questão de *como* lidar com o que você aprende deve ser considerada separadamente. Não use, como desculpa para evitar esse trabalho, as incertezas em relação aos desafios do *como*.

Outras questões relacionadas incluem: "Não quero decepcionar as pessoas, gostaria de mudar a minha vida, mas tem muita gente que confia em mim, que iria enlouquecer se eu fizesse algo nesse sentido; não posso fazê-lo agora; a economia está instável, e não é a hora de fazer esse tipo de mudança." Muitas vezes, essas dificuldades são um substituto para: "Estou com medo. Temo o desconhecido. Poderia ser um desastre. E se não funcionar? Vou parecer um idiota."

Aprofunde-se; talvez você ouça uma voz interior que diga: "Não sou bom o suficiente. Nunca fui. Todo mundo vai descobrir isso. Pessoas que agora têm uma opinião positiva em relação a mim vão deixar de ter. Aqueles que me amam podem deixar de me amar."

Certo, basta de psicologia de botequim. Não quero desconsiderar ou enaltecer essas preocupações. Meu objetivo aqui não é sugerir o que você deve ou não fazer. Pelo contrário, meu intuito é que você se esforce para se tornar mais autoconsciente. Você deve enfrentar os obstáculos que o impedem de entender a si mesmo e suas paixões. Mesmo se optar por não agir de acordo com essa autoconsciência, poderá entender melhor a si mesmo. Em particular, você vai melhorar sua capacidade de fazer escolhas mais explícitas, pesar opções mutuamente excludentes e obter melhor compreensão dos motivos que o levam a fazer o que faz.

Busque o sonho

Paixão é fundamental para alcançar seu potencial. Entrar em contato com suas paixões pode exigir que você deixe medos e inseguranças de lado e se concentre mais em seus sonhos e esperanças. Você não precisa decidir de imediato qual ação tomar ou avaliar se seu sonho é realista. Há o elemento de brainstorming neste esforço: você não pode descartar algumas ideias antes mesmo de considerá-las. Mais uma vez, permitar focar o *que* antes de se preocupar com o *como*. Esse exercício é sobre a autoconsciência, em primeiro lugar. É impressionante como será muito mais provável reconhecer as oportunidades se estiver ciente do que procura.

Este capítulo sugere uma série de maneiras de exercitar alguns de seus músculos da paixão. Para muitos, será necessário praticar e valerá a pena fazer os exercícios em uma base regular. Se você gerencia pessoas, também será útil incentivá-las a fazer o mesmo. Posso pensar em muitas ocasiões na minha carreira nas quais esse esforço me ajudou a dissuadir colegas de se demitirem, porque pudemos reformular suas responsabilidades de trabalho ou encontrar outra função na empresa que melhor atendesse às suas paixões.

Finalmente, é muitas vezes mais fácil ajudar os outros a fazer esse trabalho que fazê-lo você mesmo. Não perca a oportunidade de ajudar os outros a descobrir suas paixões. Essa postura irá ajudá-lo a ter uma visão sobre si mesmo e melhorar sua própria capacidade de identificar do que realmente gosta e fazer avanços em sua própria carreira.

Ações sugeridas para follow-up

- Faça o exercício "seu melhor lado", descrito neste capítulo. Certifique-se de anotar os dois ou três insights que você adquiriu com ele.
- Experimente pelo menos dois ou três dos cinco modelos mentais listados neste capítulo. Anote suas ideias e discuta-as confidencialmente com outra pessoa.
- Com base nessas duas etapas, anote as atividades das quais você gosta. Sem prejulgar seus méritos, considere os outros aspectos do trabalho que você acredita que lhe dão prazer: a missão, o ambiente, as outras pessoas, o status, o dinheiro e assim por diante. Não tente eliminar os motivadores extrínsecos e intrínsecos.
- Quais os maiores obstáculos para que você dedique um tempo para fazer o que gosta? Existe algo que você poderia fazer para eliminar um ou mais desses impedimentos?

CAPÍTULO 4

Compreenda a si mesmo

O poder de sua história

- Qual é sua história de vida?
- Qual o impacto que seu sucesso e histórias de fracasso exercem sobre suas decisões e comportamento?
- Você entende o porquê do seu comportamento?

Depois de ter trabalhado na avaliação de suas habilidades e descoberta de suas paixões, você precisa de uma etapa adicional antes de se dedicar às estratégias para desenvolver a carreira e alcançar seu potencial. Nessa etapa, você precisa confrontar sua história de vida e entender como ela afeta quem você é.

Compreender a própria vida pode parecer bastante simples. Certamente, você deve ser especialista na sua própria história. Ou não é assim tão fácil?

Cada atitude sua ganha sentido quando é vista através do prisma de quem você é. Quanto melhor você compreender isso, mais vai estar preparado para gerenciar a si mesmo e optar por ações que o ajudem a alcançar seus sonhos.

Cada pessoa tem uma história de vida única. A sua tem forte impacto sobre suas emoções, percepções, idiossincrasias, suposições, vulnerabilidades e mentalidade. Sua história contribui muito para explicar seu comportamento.

Costuma-se dizer que a pessoa mais importante que você vai ter de aprender a gerenciar é *você mesmo*.[1] Compreender sua experiência de vida é fundamental para a autogestão e também para empregar as técnicas sugeridas neste livro. Você não pode alterar sua história, mas pode trabalhar para se tornar mais consciente de como ela afeta seu comportamento – em situações positivas e negativas.

Você precisa escrever sua história de vida, porque é o primeiro passo para entender a si mesmo. Esse esforço tem a ver com autoconsciência. Como diz o ditado, você é o produto de seu passado, mas o autor de seu futuro. Muitas pessoas falham em se tornar autores de seu próprio futuro porque são incapazes de tomar medidas construtivas que expandam suas vidas e carreiras e não sabem por quê. Analisar o passado pode ajudá-lo a entender o motivo.

Muitas pessoas descrevem situações nas quais sabem que tipo de comportamento querem evitar, mas, ainda assim, não conseguem deixar de tomar atitudes das quais elas sabem que vão se arrepender. Por exemplo, perdem o controle em uma situação tensa de negócios, mesmo que saibam que prejudicarão seu desempenho e correrão o risco de perder o respeito dos pares. Ou tomam uma decisão fundamental de forma improdutiva e não sabem exatamente o motivo. Elas têm dificuldade de reconhecer que erraram, mesmo que seja uma questão irrelevante, porque temem que admitir o erro vai fazê-las parecer estúpidas ou incompetentes. Não conseguem discordar de um colega em uma decisão de negócios, porque temem o confronto e o debate. Às vezes, elas têm consciência do que as leva a ter determinado comportamento, às vezes, não.

Invariavelmente, suas experiências de vida podem ajudar a explicar o que fazem e por que agem de determinada forma.

Não pretendo desempenhar o papel de psicanalista. Não sou qualificado para isso. O objetivo deste capítulo é apontar o poderoso papel de sua história de vida em seus esforços para alcançar seu potencial e incentivá-lo a tomar medidas para se tornar mais autoconsciente. Trata-se de um esforço contínuo. Com o tempo, ele pode ser muito benéfico em ajudar a criar o tipo de carreira e de vida que você sempre quis.

Primeiro passo: Escreva sua história básica

Como primeiro passo, anote sua história de vida. Sugiro que você siga uma ordem cronológica. Comece por onde você nasceu. Depois, descreva seus pais, irmãos, a cidade em que morou, as pessoas que conheceu e assim por diante. Tente se lembrar de experiências específicas e significativas durante esses anos – incidentes na escola, as interações básicas com seus pais e assim por diante. Continue a história até o momento atual.

Este primeiro relato deve ser básico e descritivo. Não há necessidade de análises e comentários sobre os fatos e eventos (embora você possa ficar tentado a fazer isso).

Por exemplo, nasci e fui criado em Kansas City. Meus pais, Meyer e Florença, nasceram em Nova York e se mudaram para Kansas em 1951.

Meu pai era o caçula de oito filhos, e minha mãe tinha um irmão mais velho. Meu avô paterno morreu quando meu pai era muito jovem. A infância de meu pai, no Brooklyn, foi muito pobre. Quando jovem, eu o ouvia contar inúmeras histórias sobre a luta da família. Meu avô materno trabalhava com roupas, em Nova York, e era um agressivo investidor do mercado de ações, que foi à falência por conta do *crash* da Bolsa de

Valores em 1929. Meus pais se conheceram aos 16 anos e casaram com 20 anos. Meu pai – que se alistara no Exército no início da Segunda Guerra Mundial – foi mandado para a Europa logo após o casamento e passou os três anos seguintes em combate na Europa. Cresci ouvindo várias de suas angustiantes experiências na guerra. Ele voltou para casa em 1946, começou a trabalhar e concluiu a faculdade no período da noite. Em 1951, meu pai recebeu uma oferta para trabalhar na área de vendas de uma empresa de joias do Meio-Oeste, e o casal se mudou para Kansas.

Vou encerrar a narrativa aqui, mas você entendeu a ideia. Eu poderia escrever páginas e páginas com as memórias da história de meus pais, da minha e das minhas experiências. Enquanto escrevo, lembro como fui influenciado pelas experiências de vida deles.

As histórias de suas dificuldades financeiras na infância – e depois as da nossa família, em vários momentos – tiveram profundo impacto na minha forma de pensar, e isso se mantém comigo até hoje. Como vendedor ambulante, meu pai percorria 50 mil quilômetros por ano para visitar as lojas para as quais vendia em todo o Meio-Oeste. Como era comissionado, só ganhava com base sobre o que vendia. Minha mãe também trabalhava. Lembro-me de que eles trabalhavam muito. Lembro-me das histórias e de seus conselhos. Tudo isso, assim como minhas próprias experiências de vida, influenciou quem sou e moldou as decisões que tomei em todos os momentos da minha vida.

Devo admitir que, até muito recentemente, nunca havia percebido a poderosa influência que meus pais (assim como minha própria experiência de formação de vida) tiveram sobre meu comportamento. Durante minha vida adulta, por que muitas vezes escolhi trabalhar o tempo todo? Por que sempre fui relativamente frugal com meus gastos pessoais e nunca particularmente motivado por recompensas financeiras? Por que sempre cultivei um saudável ceticismo em relação à autoridade formal e ao inconsciente coletivo? Por que escolhi deixar uma carreira lucrativa para lecionar na Harvard? Por que muitas vezes fui perfeccionista e frequentemente temi não estar dando o meu melhor? Durante todos esses anos, estive de fato *ciente* desses aspectos de meu comportamento?

Como a maioria das pessoas, nunca tive tempo para refletir sobre minha história de vida e pensar nas implicações. Depois de um fracassado relacionamento romântico, uma ex-namorada educadamente apontou que minhas experiências de infância podiam estar me afetando mais do que eu imaginava. Não tinha ideia do que ela queria dizer e achei graça. Ocasionalmente, outras pessoas tentaram me alertar em relação a algumas de minhas idiossincrasias e até excentricidades. Admito que não tinha noção sobre o que estavam falando.

Só quando passei a lecionar na Harvard Business School, com Bill George, no curso "O líder autêntico", criado por ele com base em seu livro *Confie em você* (Saraiva, 2008), comecei a olhar em retrospecto e a pensar sobre tudo isso.[2] (Eu tinha obrigação de fazê-lo, porque era isso que pedíamos de nossos alunos.) Comecei a abrir os olhos para o poderoso impacto da história de vida de alguém.

Com a minha própria história como pano de fundo, quero novamente incentivá-lo a dedicar um tempo para escrever sua história, da forma mais fácil para você. Não precisa ser perfeitamente escrita, e você não tem de mostrá-la a ninguém. É para você. O objetivo é colocar a história no papel. Faça uma tentativa. Se sua experiência for como a minha, o exercício vai levar muito mais tempo e será bem mais extenso do que você imagina.

O que você aprendeu?

Depois de terminar, dedique um tempo para refletir sobre sua história. O que aprendeu?

Você pode se admirar com algumas observações e com o fato de que talvez se espante com uma história que pensava que já conhecia. Talvez o fato de escrevê-la o tenha feito perceber que seus pais (e sua infância) foram ainda mais influentes nas suas decisões de vida do que pensava. Você pode se surpreender com as emoções que sentiu ao narrar certos acontecimentos e começar até a fazer algumas associações – e a reconhecer padrões em seu próprio comportamento e experiências que não tinha notado antes.

Por fim, você pode começar a acreditar que nunca digeriu completamente muitas de suas experiências de vida e, como resultado, não ter certeza de como elas influenciam seu comportamento atual. Quaisquer que sejam suas reações, escrever sua trajetória de vida é o primeiro passo essencial para a compreensão de sua história e de si mesmo.

Pela minha experiência, este primeiro passo é muito importante, e você pode demorar algumas semanas ou mais para escrever, refletir e complementar sua história. O essencial é não deixar de colocá-la no papel.

Você pode começar a se concentrar em eventos específicos que acredita terem exercido significativo impacto no seu comportamento. Como etapa adicional, você deve tentar escrever como sua história em geral e eventos específicos impactaram seu comportamento, crenças e decisões-chave. Novamente, a pergunta – que permeará todo o capítulo – é: O que tirar como lição? Não existe resposta certa ou errada, apenas a pergunta: Que insights esse processo pode lhe trazer?

Segundo passo: Entenda as histórias paralelas

Depois de escrever sua história, você pode se dar conta de que há eventos alternativos que se entremeiam às situações principais. Na verdade, você provavelmente vai perceber que os vem contando aos outros, bem como a si mesmo, na maioria das situações da vida – em entrevistas de emprego, quando é apresentado a alguém, no início de um relacionamento amoroso, quando você fala com seus filhos e assim por diante. Vamos avaliar possíveis histórias.[3]

A história de sucesso

Normalmente, a história principal que você conta aos outros é sua experiência de sucesso, uma bela narrativa, geralmente com você no papel de herói. Se você não tem certeza do que quero dizer, pense no discurso ou nos anúncios de campanha de candidatos políticos. Eles contam uma história que os mostra de forma positiva e empática.

Faça uma tentativa de começar a escrever sua trajetória de sucesso.

Mais uma vez, a título de ilustração, segue um pequeno esboço de minha própria experiência de sucesso, com os elementos básicos que contei anteriormente e um ponto de vista claramente positivo. Sou um cidadão de segunda geração dos Estados Unidos. Meus pais eram filhos da Depressão e da Segunda Guerra Mundial. Eles viveram o sonho americano, superaram suas modestas origens e se tornaram bem-sucedidos por meio de trabalho árduo e dedicação. Eles se esforçaram para ter sucesso, porque amavam sua família e queriam nos dar oportunidades melhores do que tiveram.

Fui inspirado por seu amor e dedicação. Eu queria ser como eles. Trabalhei pesado para que ficassem orgulhosos e para justificar os sacrifícios que fizeram. Com base em sua inspiração, me esforcei para ser bem-sucedido na escola e na carreira. Obtive sucesso nos negócios e depois fui lecionar em Harvard, a fim de ajudar os outros a alcançar o sucesso e o próprio potencial. Minha experiência de vida é de sucesso e de amor, uma homenagem ao sonho americano. Qualquer pessoa pode ter sucesso nos Estados Unidos, se se empenhar e se dedicar o suficiente.

É uma bela narrativa. Uma trajetória *vencedora*, que pode até ser emocionante e que dá muito orgulho à minha mãe. Se meu pai estivesse vivo, também ficaria muito orgulhoso. Se eu contá-la a pessoas que me sejam apresentadas hoje, certamente ficarão impressionadas.

Há apenas um problema: essa não é a única história que permeia minhas lembranças ou que une os fatos da minha vida. Várias outras nascem dos mesmos fatos e experiências.

A história de fracasso

Em particular, existe uma história de fracasso (ou de insegurança) que também poderia ser contada com base nos fatos de minha vida. Como você pode imaginar, não se trata de uma história tão brilhante, e raramente a conto em uma entrevista de emprego ou na seção "sobre o autor" de meus livros. Trata-se de uma trajetória alternativa, presente em minha cabeça.

Se você me conheceu ou trabalhou comigo, provavelmente não tem a menor ideia de qual seja e de que ela esteja presente nos meus pensamentos. Com base em como me apresento para os outros, você pode imaginar que todos os meus pensamentos sobre mim mesmo sejam positivos, até mesmo brilhantes. Mas não é verdade.

Aqui está um exemplo da história de insegurança: meu pai viajava, e minha mãe trabalhava. Eu ficava sozinho em casa a maior parte do tempo. Amava meus pais e fui profundamente influenciado por sua difícil criação e dificuldades financeiras. Suas privações me levaram a me preocupar com eles e me fizeram sentir que eu precisava trabalhar arduamente para justificar todos os sacrifícios que fizeram.

Eu era um garoto ansioso e tendia a suar muito, sobretudo nas situações sociais. Você já viu o garoto que transpira muito em festas, especialmente quando fala com as meninas? Era eu. Eu era meio estranho. No colégio, era bom atleta, mas um aluno irregular, principalmente porque tinha dificuldade de me concentrar e não tinha autoconfiança.

Quando saí de casa e fui para a faculdade, passei a lidar com minha inaptidão de uma nova maneira. Comecei a estudar – muito. Na verdade, na faculdade, estudava o tempo todo. Era muito ansioso para provar algo e me sair bem. Então, fui para a Harvard Business School, onde tive uma abordagem um pouco mais equilibrada, mas semelhante.

Entrei na Goldman Sachs, depois da Escola de Negócios. Amei o mercado e a empresa e me senti muito à vontade com todos os funcionários, neuróticos e altamente orientados para resultados. Em certo sentido, a empresa me deu um lugar para me esconder: eu estava sempre trabalhando e, portanto, não tinha de ser muito sociável.

Eu poderia continuar, mas só esse trecho já lhe dá uma ideia. O principal dessa narrativa está nas entrelinhas: "Não sou bom o suficiente" ou "não me encaixo" ou "meu trabalho é tudo que tenho, então é melhor me matar de trabalhar".

Claro que exagerei um pouco para demonstrar o que quero dizer. Apesar de eu ter crescido, amadurecido e desenvolvido muito mais confiança nos anos que se seguiram, a realidade é que variações dessa mesma narrativa de fracasso às vezes ainda permeiam meus pensamentos. Além disso, existem várias outras que se encontram em algum lugar entre as histórias de sucesso e de insegurança.

À medida que você pensa sobre suas próprias histórias, o fundamental é não tentar controlar ou bloquear esses pensamentos. O ponto principal é ter consciência delas e tentar compreendê-las, sobretudo tentar entender como afetam suas decisões e seu comportamento.

Como mencionei, as pessoas que trabalham comigo normalmente relatam achar que tenho toda a confiança do mundo. Elas ficariam surpresas ao saber que essas situações de insegurança ainda estão em mim, pois elas me veem a distância e não estão intimamente familiarizadas com a história da minha vida. Tudo o que veem é meu histórico profissional e uma pessoa muito confiante. Ocasionalmente, elas podem se surpreender pela minha obsessão por algum assunto ou por minha determinação no geral, mas não sabem por que ajo de tal forma.

A consciência da história que permeia seus pensamentos

O desafio para todos nós é ter consciência dessas várias histórias e tentar entender como elas podem impactar nosso comportamento.[4] Quando você tem uma decisão importante a tomar, de qual passagem você se lembra com mais constância? Quando você comete um erro ou está sob forte pressão, qual delas lhe vem à cabeça? Quando você faz algo do qual se arrepende ou o qual o impede de agir como acha que deveria, em qual delas você costuma pensar? Como essa passagem afeta sua tomada de decisão, percepções e comportamento?

Essas são perguntas desafiadoras, porque todos nós lutamos para descobrir o motivo de nosso comportamento.

Terceiro passo: Pense em como sua história de vida influencia seu comportamento

Trabalhe na conclusão da redação de sua história de sucesso. Lembre-se de que, nessa narrativa, você é o herói. Pode ser a história que sua mãe conta quando quer mostrar aos amigos como você é maravilhoso. Pode ser uma passagem que você conta em um evento social. Permita-se detalhá-la em toda a sua glória.

Agora comece a escrever sua história de fracasso. Este exercício será mais difícil. Provavelmente, são passagens que você não conta com muita frequência, mas que estão bem vivas em sua cabeça. São as histórias de insegurança. Pode ser um evento em que se sentiu inadequado ou teve medo de não ser bom o suficiente, de fracassar ou de desagradar os outros. Pode ser uma história sobre o sentimento de abandono ou o temor da rejeição. Você pode fazer o exercício mentalmente, se preferir não escrever. Talvez você prefira até mesmo não admitir que pensa sobre isso. Mas faça o esforço para escrevê-la de qualquer forma. Você vai aprender muito com esse exercício.

Após ter escrito essas passagens, pense sobre em que circunstâncias elas em geral voltam à sua memória. É possível que, quando você tenha tomado uma decisão acertada ou sobre a qual estivesse confiante, você estivesse pensando sobre a passagem de sucesso? Por outro lado, sua história de fracasso o impediu de dar sua opinião no trabalho ou se impor mesmo em situações críticas?

A história que permeia seus pensamentos com mais frequência em geral ajuda ou atrapalha sua capacidade de analisar e agir em relação a algo no qual você realmente acredita em determinada situação? A narrativa mais presente em seus pensamentos está ajudando ou dificultando sua capacidade de se concentrar no que ama e descobrir o emprego que de fato instiga sua verdadeira paixão? Quando você diz a si mesmo que não pode fazer algo, até que ponto essa conclusão é influenciada pelas histórias em sua mente?

O medo de não ser bom o suficiente de acordo com meu pai

Uma gerente de vendas, de 34 anos, que trabalha para uma empresa de mídia no Nordeste dos Estados Unidos, vinha trabalhando com vendas de mídia desde que se formara na faculdade. Seu pai tinha sido empreendedor em várias áreas, e sua mãe era professora do ensino fundamental. A gerente tirava um bom sustento e cuidadosamente guardava parte do que recebia todos os anos. Ela foi encaminhada a mim por um amigo em comum, que me perguntou se eu poderia lhe dar alguns conselhos.

Quando nos conhecemos, ela explicou que se sentia presa. Perguntei sobre seu trabalho atual e se suas habilidades se ajustavam a ele. Ficou claro para mim que ela era realmente fantástica no que fazia e que tinha clara oportunidade de desenvolver e demonstrar seus talentos. O problema, como explicou, é que ela não tinha paixão pelo produto ou pela missão da empresa. Como vendedora, ela queria sentir entusiasmo pela causa.

Perguntei por que não pedira demissão. Ela explicou que não queria se arriscar a desistir de sua segura e estável receita. Consequentemente, ela ia relevando a situação.

Quando perguntei sobre sua paixão, ela explicou que queria trabalhar com sustentabilidade e se envolver na redução das emissões de gases de efeito estufa e na melhoria da qualidade de alimentos, ar e água. Ela sofrera de intoxicação por mercúrio na adolescência e fortemente sentia que parte de sua vida deveria ser dedicada a fatores ambientais. Perguntei se ela não poderia desempenhar esse papel de forma voluntária, em vez de tentar mudar de carreira. Foi o que tinha feito até agora, ela respondeu, mas começava a se sentir insatisfeita.

Depois de me relatar a situação, ela balançou a cabeça em sinal de desaprovação e disse: "Tudo isso soa muito estúpido, não é? Com tantas pessoas lá fora à procura de trabalho, devo parecer idiota por ser tão autoindulgente com esse interesse por questões ambientais. Eu deveria sublimar esse desejo e voltar ao trabalho – e agradecer pela bênção de ter um emprego. Minha carreira não é o mais importante, de qualquer forma."

Eu disse a ela que entendia seu ponto de vista, mas me perguntava por que ela estava desistindo de perseguir seu sonho.

Ela pensou um pouco e depois disse que crescera em uma família com dificuldades financeiras. Seu pai gostava de começar diferentes negócios e, durante seus anos no ensino médio, a família sempre chegava à beira da falência. Como resultado, seus pais poupavam cada centavo. A luta de seus pais sempre voltava à sua mente e a fazia ter muito respeito pelo dinheiro que ganhava.

Pedi que me explicasse melhor. "Não quero ser muito invasivo, mas me pergunto se as dificuldades financeiras de seus pais não estão indevidamente afetando sua forma de enxergar a situação."

Com esse incentivo, ela explicou que era muito mais próxima da mãe que do pai, e que, durante sua infância e adolescência, o pai parecia sempre muito preocupado e até um pouco amargo, e a maneira que encontrara de lidar com a situação era tentando agradá-lo de todas as formas.

Ela explicou que seu pai ainda influenciava muito suas decisões. Ele sempre deixara claro que acreditava que ela deveria permanecer no trabalho atual. Além disso, ele não apreciava plenamente sua paixão pela sustentabilidade. Embora se lembrasse do episódio da intoxicação por mercúrio, ele não conseguia entender por que aquela experiência deveria exercer qualquer impacto na escolha de uma carreira.

Enquanto pensava a respeito, ela identificou o problema. Ela não estava com medo de ganhar menos, mas de decepcionar o pai. Parafraseando, seu pensamento foi: "Acho que não vou atender às expectativas de meu pai. Talvez eu já o tenha decepcionado!"

Suas habilidades não a impediam. Suas paixões eram claras para ela. Havia oportunidades no campo da sustentabilidade, as quais ela poderia buscar; na verdade, suas habilidades em vendas e marketing eram suficientes para chamar a atenção de uma série de empresas privadas e organizações sem fins lucrativos. Ela não tinha medo de ganhar menos dinheiro ou precisar cortar despesas, mas as expectativas de seu pai – a história dele, a dela e a dúvida que pairava em sua cabeça sobre o respeito do pai por ela – eram um fardo que pesava sobre seus ombros.

Tornar-se mais consciente de todos esses fatores não mudou a forma como se sentia nem apagou essas passagens da memória, mas a fez entender a razão pela qual ela vinha tomando determinadas decisões. Essa maior consciência, por sua vez, acabou a ajudando a decidir arriscar e mudar de carreira.

Da última vez em que tive notícias, ela vinha se destacando em uma organização ambiental sem fins lucrativos. Ela realiza muito mais tarefas de liderança que no trabalho anterior e está construindo uma reputação na área. Finalmente, está seguindo seu sonho e feliz com a carreira. Como se vê, uma vez que teve a coragem para fazer a mudança, o pai se tornou muito mais solidário e incentivador do que ela esperava. Ele está orgulhoso do que ela vem fazendo e satisfeito com a felicidade da filha.

É impressionante como, muitas vezes, frustramos nossos próprios desejos com base no medo da desaprovação dos outros. Muitas vezes, a manifesta condenação vem de amigos bem-intencionados e pessoas próximas a nós, que querem nos ver bem e, portanto, nos advertem contra escolhas que, acreditam, nos farão infelizes. Invariavelmente, se você estiver feliz, as pessoas que se preocupam com você vão perceber e aprovar as escolhas que resultaram na sua felicidade. A maioria de nós passa longos períodos tentando agradar aos outros antes de aprender essa lição.

As implicações para você

Quais são as histórias que rodam sua cabeça? Você consegue descrevê-las? Como afetam seu comportamento? Elas o ajudam ou agem como uma bola de ferro presa a seu tornozelo?

Essa discussão é principalmente sobre a criação de uma consciência maior. Todo mundo tem uma história de fracasso – você, eu, todos nós. O desafio não é saber como se livrar dela ou transformá-la em outro tipo de pensamento, mas descobrir como nossas situações de vida afetam nossos comportamentos – e, em particular, como e por que nos impedem de andar para frente. Elas se justificam ou são apenas um antigo e improdutivo resquício de uma fase anterior de sua vida?

É muito importante que você faça essa análise. Você pode considerá-la excessivamente sentimental, e talvez seja. No entanto, é a realidade. Parte de como alcançar seu potencial reside em enfrentar a realidade.

Outra variação sobre sua história: Sua experiência de ter vivenciado uma injustiça

Há outra abordagem para compreender sua história a qual gosto de usar. Relaciona-se com uma injustiça que você possa ter vivenciado. Talvez você tenha sido preterido para uma promoção ou rejeitado em uma entrevista de emprego, não receba o salário que considera justo, tenha sido demitido, mal interpretado ou julgado injustamente ou talvez tenha recebido uma multa que considera indevida.

Costumo fazer esse exercício com os alunos de pós-graduação e executivos. Primeiro, peço aos participantes para pensar em uma injustiça que tenham sofrido. Peço que se lembrem de uma situação específica e anotem os fatos. O que aconteceu? Quais foram as circunstâncias? Qual foi seu papel na injustiça cometida? Como se sentiram na época?

Na maioria dos casos, as pessoas inicialmente têm dificuldades para se lembrar da situação. Eu as incentivo a refletir por mais alguns minutos. Por fim, elas conseguem pensar em algo e começam a escrever.

Normalmente, quando digo para serem rápidos, em geral alguns respondem que precisam de mais tempo e, em alguns casos, até parecem ficar com raiva. Pergunto o motivo, e eles timidamente explicam que, apesar de, em princípio não terem conseguido pensar em nada, finalmente encontraram uma situação. "Agora que estou escrevendo o que aconteceu", esclarecem, "estou começando a ficar com muita raiva. Não posso acreditar que não tenha me lembrado disso antes, porque realmente me incomoda".

Já testemunhei essas situações várias vezes. Muitos de nós não conseguimos facilmente pensar em uma situação na qual nos sentimos injustiçados. Claro que, se você foi demitido sem justa causa, provavelmente não terá dificuldade em se lembrar dessa passagem. Na maioria dos outros casos, porém, a lembrança de uma injustiça tende a ficar submersa em nossas memórias. Uma vez que fazemos o exercício de trazê-la à memória, percebemos que ela estava lá o tempo todo e que pode até ter tido substancial impacto na forma como pensamos e nos comportamos hoje.

Faça o exercício da injustiça

Tente se lembrar de uma injustiça em sua própria vida. Então, pergunte a si mesmo como a classificou (ou seja, que história desenvolveu para explicá-la) no momento em que ela ocorreu – e como você a tem reformulado desde então. Considere de que forma essa experiência pode estar afetando seu comportamento hoje. Pode ainda ser útil discutir essa passagem com um amigo ou parceiro de trabalho de confiança.

A maioria de nós tende a inicialmente classificar uma injustiça de uma maneira e, mais tarde, reformulá-la de forma diferente. Por exemplo, um executivo poderia comentar que se sentiu magoado e irritado na época em que fora demitido, há 10 ou 15 anos, e pode ainda dizer que se sentiu rejeitado – um fracasso.

Esse mesmo executivo pode, hoje, reconstruir a história de forma muito diferente e até dizer que a demissão foi o melhor que poderia ter acontecido. Ele pode, então, passar a ensinar uma ou duas lições que aprendeu com a experiência. Tempo, distância e maturidade mudaram a perspectiva sob a qual ele vê esse trauma.

Naturalmente, a moral da história nem sempre é tão evidente. A injustiça pode ter significativas consequências negativas para a pessoa até hoje – mesmo que ela tenha ou não consciência.

Um produtor de televisão vivencia uma injustiça

Um assistente de produção de televisão, de 29 anos, do Sudeste dos Estados Unidos, sentia-se muito frustrado e irritado com sua carreira. Ele já havia sido preterido para a promoção a produtor pleno no canal para o qual trabalhava. Já havia procurado outros empregos como produtor na região, mas não conseguia que ninguém lhe desse uma oportunidade. Ele contou que o colega promovido à função que ele tanto cobiçava não era tão inteligente e capaz quanto ele.

"Isso tudo é um grande jogo político", desabafou, "e as pessoas que conseguem os empregos são as que têm conexões. Toda essa conversa sobre ser membro de uma equipe e ajudar uns aos outros é muito bonita, mas não é isso que faz as pessoas avançarem na vida e na carreira".

Foi dessa forma que ele categorizou a injustiça mais recente que sofrera. Outra forma de ver a situação seria pensar que ele precisava desenvolver melhor suas habilidades, que a pessoa escolhida era melhor que ele ou que talvez ele realmente não soubesse por que fora preterido, e que poderia ser inteligente de sua parte buscar conselho de pessoas mais experientes que pudessem apontar os pontos nos quais ele falhara para que ele pudesse se aprimorar nessas áreas.

Ele achou mais fácil remoer a questão da injustiça em vez de tomar o caminho mais desconfortável de descobrir como precisava melhorar. Após um período de introspecção, se forçou a ter uma longa conversa com seu chefe. Eles fizeram uma análise e, juntos, identificaram duas ou três áreas de competência nas quais o rapaz precisava melhorar e estabeleceram uma estratégia. Dezoito meses mais tarde, quando outro cargo de produtor pleno ficou disponível, ele foi escolhido.

Situações de injustiça se tornam parte de suas experiências de vida e impactam suas histórias. Por esse motivo, incentivo as pessoas que sofreram um trauma por conta de uma injustiça a dedicarem um tempo para digeri-la. Você precisa refletir sobre o que aconteceu, buscar conselhos de outras pessoas que testemunharam a situação e descobrir se você teve qualquer responsabilidade sobre o fato. Uma injustiça não vai matá-lo – e você não poderá evitá-la –, mas é necessário aprender com ela para não permitir que aconteça novamente. Ao tirar a lição errada ou deixar de sempre buscar aprender com as situações que acontecem na vida, você pode estar fadado a repetir outras versões da mesma experiência.

O custo de não digerir a injustiça

Frequentemente, conheço pessoas que sofrem injustiças suficientes para começarem a se sentir vítimas. Elas não reservam um tempo para refletir sobre suas experiências, pedir conselhos, aprender valiosas lições e fazer os ajustes de percurso. Como resultado, se tornam reservadas e propensas a intempéries. Pior, as lições que tiram das situações pelas quais passaram ajudam a corroborar que não vão atingir seu potencial. Por exemplo, elas decidem que é mais sensato se proteger e agir apenas em situações pelas quais explicitamente recebam mérito. Com essa abordagem, elas minam sua capacidade de apresentar traços de caráter e liderança que poderiam ser úteis na carreira.

Essa mentalidade pode criar uma perigosa e autodestrutiva espiral descendente. Você começa a perder a fé de que a justiça prevalecerá. Consequentemente, deixa de tomar importantes medidas que possam ajudar a construir sua carreira, porque você tem medo de que surja uma nova injustiça. Com essa atitude, sua vida acaba desandando, e você cria uma profecia autorrealizável. Como resultado, você começa a ficar com mais raiva, mais frustrado e sempre mais convencido de que o mundo está contra você.

Leve o tempo necessário para digerir as injustiças. Pensar nas injustiças que você sofreu e em como elas estão impactando seu comportamento atual é essencial para seu crescimento e desenvolvimento pessoal.

Se a experiência for recente, reflita sobre o que aconteceu de forma sustentada. Certifique-se de trabalhar o suficiente para desenvolver as principais lições que você pode extrair da situação. Avalie essas lições com amigos e pessoas próximas. Você deve entender que todos, em algum momento, passam por uma situação que consideram injusta. Não se culpe por isso. Entretanto, use o tempo necessário para aprender com a experiência.

O auge

Como discutido no Capítulo 2, como parte da compreensão de sua história, é vital refletir sobre os momentos nos quais você estava no auge.

Curiosamente, muitos de nós temos dificuldade em nos lembrar dessas situações. Às vezes, nos sentimos tão sufocados pelas pressões do dia a dia e obrigações profissionais que nos esquecemos dos momentos em que fomos absolutamente fabulosos. Recordar essas passagens é fundamental, porque você pode obter insights que podem ajudar a orientar suas ações hoje.

O chef que se enfastiou do próprio trabalho

Conheci um chef que estava fazendo o curso "Owner President" em Harvard. Ele havia começado na área de gastronomia com um restaurante italiano, com preços acessíveis, na Costa Oeste dos Estados Unidos, e, ao longo dos anos, abrira outras três filiais. Como muitas pessoas que frequentam o programa de treinamento para executivos, tinha esperança de melhorar suas habilidades de negócios e liderança e dedicar um tempo para refletir se queria buscar possíveis mudanças na vida e na carreira. Ele começou me dizendo que estava ficando cansado de gerenciar restaurantes.

Perguntei por quê.

"Em primeiro lugar, está cada vez mais difícil ser dono de um pequeno negócio", confessou. "Os custos do seguro e de planos de saúde estão subindo. Como vimos crescendo, há mais questões de gestão com as quais devo lidar e outras questões mais administrativas e gerais. Sinto que trabalho muito apenas para manter os restaurantes funcionando e, às vezes, me sinto oprimido."

Seu pai e avô paterno tinham sido executivos bem-sucedidos. Eles não ficaram animados com sua decisão de frequentar o curso de gastronomia, se tornar um chef e abrir um restaurante. Ele observou que não foi fácil ser a terceira geração da família e viver na mesma cidade. Embora amasse o pai e avô – ambos ainda vivos –, eles direta e indiretamente o pressionavam muito, e ele muitas vezes sentia que não conseguia atender às suas expectativas.

Seu pai tinha uma personalidade dominante. "Ele acha que sabe tudo", observou o chef, "e tem a necessidade de que a última palavra seja dele em todas as situações". Essa atitude pode ter funcionado com os subordinados de seu pai, mas não muito com o próprio filho.

Pedi que tentasse se esquecer da situação atual por alguns minutos e que se lembrasse de uma na qual tenha se sentido no auge e feliz com o que vinha fazendo. "Vou ter de pensar sobre isso", disse ele. "Certo, foi quando eu administrava meu primeiro restaurante, há cerca de 10 anos. Na época, era um restaurante pequeno. Todos os dias, eu sentia uma emoção diferente, desde a criação das receitas ao serviço aos clientes. Realmente adoro inventar novos pratos, conhecer os clientes e todo o ambiente de um restaurante. Sou bom no que faço e acho que ajudar a colocar um sorriso no rosto das pessoas. Para mim, é realmente uma bênção poder fazer este trabalho." Ele estava radiante.

"Então, por que falou que estava cansado de administrar os restaurantes? E como você chegou a essa situação?"

Ele riu. Construir três restaurantes com um grande número de funcionários parecia algo "grande – fazia-me sentir bem-sucedido". Ele então ficou em silêncio por um minuto. "Droga, devo admitir que provavelmente abri novas filiais para impressionar meu pai e, talvez, as pessoas da comunidade. Eu estava buscando maneiras de tirar o peso das minhas costas, estava cansado da sensação de ter de provar algo. Ironicamente, gerenciar três restaurantes não provou absolutamente nada, à exceção de ser extremamente exaustivo!"

Como resultado dessa conversa, ele começou a acreditar que era importante voltar a ter prazer no que fazia. Neste caso, significava passar mais tempo pensando em receitas, interagindo com clientes e desfrutando do ambiente do restaurante. Também significava adiar a procura de novos pontos comerciais, o planejamento de novas filiais e qualquer tipo de expansão. Felizmente, o grupo principal de gestores de suas operações tinha um grande respeito mútuo e compartilhava os mesmos objetivos. Eles queriam produzir boa comida, fazer os clientes felizes e focar a qualidade em detrimento da quantidade.

Em última análise, o chef conseguiu realocar seu tempo e colocar mais foco sobre o que gostava e aprendeu a delegar mais tarefas das quais não gostava. Ele me procurou nove meses depois e disse que estava gostando muito mais do trabalho. Em particular, ficou satisfeito por ter reorientado as atividades e tirado boa parte do peso que vinha carregando no sentido de agradar aos outros. O que contribuiu muito para seu progresso foi sua disponibilidade de refletir sobre como sua história de vida pode ter criado certas inseguranças que negativamente impactavam suas decisões. Ele também pensou sobre em qual de suas experiências de vida tinha apresentado melhor desempenho e se sentido mais realizado. Esse exercício o ajudou a se tornar muito mais consciente do que o estressava, do que o fazia feliz e do que contribuía para que tivesse um alto desempenho.

Incentivo você a fazer esse exercício como parte da compreensão de sua história de vida. Pode ser que você tenha passado um tempo sem pensar sobre isso, mas esse esforço pode lhe fornecer excelentes insights sobre as ações que você poderia tomar hoje e no futuro para chegar no auge.

Autoconsciência e bom senso

Este capítulo é sobre a compreensão de quem você é e do entendimento mais pleno de suas ações. Você pode entendê-las melhor ao compreender mais profundamente sua história de vida. Como já vimos, existem várias vertentes de sua história. Além disso, cada nova experiência se soma à construção de sua história e altera as narrativas em sua mente.

Novamente, incentivo-o a fazer os exercícios deste capítulo. Além disso, sugiro que você se esforce para tentar entender o motivo de suas ações e comportamento.

- Se suas ações o deixam infeliz, insatisfeito ou arrependido – por quê? Existe algo em sua experiência, história ou eventos de sua vida que podem ajudá-lo a entender suas ações?
- Se o bom senso lhe diz que você precisa tomar determinada ação, mas você não o ouve, você consegue apontar por que tem dificuldade de ouvi-lo? Existe algo em sua história que poderia ajudá-lo a entender?

Em resumo, a palavra-chave é *por quê*. Não há resposta certa quando se trata de ações que irão ajudá-lo a alcançar seus sonhos e atingir seu potencial. É uma questão de tentar entender e decifrar por que você está agindo de determinada maneira. Quanto mais praticar, melhor entendimento si mesmo você obterá.

O papel da compreensão de si mesmo

O esforço para avaliar suas habilidades, compreender suas paixões e optar pelas várias ações discutidas nos próximos capítulos será muito mais fácil se você iniciar o processo de compreensão mais profunda de si mesmo. Digo "começar" porque esse processo não se dá do dia para a noite; exige prática e tempo.

Você pode saber o que deve fazer, mas não consegue seguir por este caminho – e talvez não saiba por quê. Muitas vezes, o obstáculo é mais profundo que a compreensão intelectual. Você deve entender os entraves internos que o estão impedindo de optar por certas ações. Pode ser algo tão absurdo quanto uma parede de tijolos no meio de uma rodovia. Se este for o caso, você pode sentir que não consegue avançar. Você está preso.

Se esse cenário lhe parece familiar, concentre-se no conselho deste capítulo para se compreender melhor. Trata-se de um grande esforço, mas, no fim, a recompensa será enorme. Este trabalho, bem como as sugestões dos capítulos anteriores, constituem a base principal de construção para alcançar seu potencial. Nos Capítulos 5 a 8, você vai fortalecer essa base e aprender estratégias para ir atrás de seu sonho, melhorando seu desempenho no trabalho e, em seguida, fazendo aquele esforço a mais para alcançar seu potencial.

Ações sugeridas para follow-up

- Eleja um ou mais amigos para discutir suas respectivas histórias de vida. Cada um de vocês deve vir para o encontro com sua história básica de vida por escrito. Então, reflita sobre o que aprendeu com essas discussões.
- Usando os rascunhos de suas histórias de sucesso e de fracasso, considere que circunstâncias causaram cada uma dessas passagens para que ainda estejam presentes em sua mente. Você consegue se lembrar de uma importante decisão que tenha sido influenciada por uma dessas histórias? Por que isso aconteceu?
- Seja o autor da história de seu futuro. Escreva a história de vida que você gostaria de contar daqui a 10 ou 20 anos. Certifique-se de incluir detalhes de seus trabalhos específicos, sua vida e outras importantes atividades. No final, reflita sobre o que aprendeu com este exercício.

CAPÍTULO 5

Aproveite ao máximo as oportunidades

Gerenciamento de desempenho e de carreira

- Você já pensou no emprego dos sonhos, aquele único capaz de se encaixar com suas habilidades e paixões?
- Você tem uma estratégia para alcançar esse sonho?
- Os funcionários mais seniores da empresa onde você trabalha sabem o que você faz e aonde pretende chegar?
- Você dedica tempo e energia às três mais importantes atividades que levam ao alto desempenho no seu trabalho atual?
- Você se sente como se estivesse em uma maratona?

Depois de ter trabalhado nos temas do capítulo anterior – estabelecido um processo para avaliar seus pontos fortes e fracos, ganhado maior consciência sobre do que gosta e se empenhado em se compreender melhor –, é hora de se concentrar em considerações mais práticas. Como aplicar os insights que teve ao desafio de alcançar um alto desempenho e gerenciar sua carreira? Alcançar seu potencial não é apertar um interruptor e acender uma lâmpada. Pelo contrário, é um processo integrado, que exige reflexão, aprendizado de forma disciplinada e tradução das ideias em ações. Por meio desse processo iterativo, você irá melhorar sua capacidade de realizar o seu melhor e tirar o máximo proveito de potenciais oportunidades de carreira.

Assumindo o desafio: comunicação, análise e foco

Neste capítulo, discutimos a importância de pensar sobre potenciais empregos que melhor se encaixem às suas habilidades e paixões. Você vai aprender sobre a importância de se comunicar com empregadores atuais e futuros a respeito de suas aspirações profissionais. Embora você talvez prefira acreditar que empregadores podem adivinhar o que se passa na sua cabeça, a verdade é que isso não é possível, a menos que você lhes diga.

Este capítulo também discute como se concentrar nos fatores-chave para obter sucesso no trabalho e como aplicar seus talentos para se sobressair. Vamos discutir a importância de se concentrar em ações que possam melhorar seu desempenho, em vez de indevidamente se distrair com a política do escritório e fofocas internas sobre como avançar na empresa.

Como o mundo, seu setor, sua empresa e você passam por constantes mudanças, este capítulo também discute como regularmente atualizar seu pensamento com uma folha de papel em branco.

Finalmente, discuto possíveis abordagens para autogestão, mesmo quando a situação vai mal. Como você deve reagir às contrariedades?

Elas sinalizam que você fez algo errado, está no emprego errado ou precisa repensar radicalmente sua carreira? Ou você está tendo reações perigosamente exageradas a contratempos que sempre vão ocorrer e, embora traumáticos, fazem parte do percurso?

Você pensa sobre um trabalho ideal?

Quase todo mundo que conheço tem pelo menos um trabalho ideal em mente, mesmo que esteja ou não conscientemente focado nele. Esse cargo geralmente significa um grande avanço em relação à posição atual. Mesmo que demande esforço – e que provavelmente exija muitos anos de experiência e desenvolvimento de habilidades –, a pessoa acredita que o trabalho poderá se adequar perfeitamente às suas capacidades e paixões.

Quando você está passeando, de férias, ou acordado na cama à noite, existe um trabalho que você eventualmente pense em fazer? Você sonha sobre a possibilidade de realizá-lo e sobre como se sentiria nesse emprego?

Pegue um pedaço de papel e tente escrever os detalhes do emprego dos sonhos. Alguns aspectos a considerar podem ser específicos da função, como a possibilidade de ser seu próprio chefe, gerenciar seu próprio negócio ou se tornar um CEO. Ou podem envolver a identificação de determinadas tarefas que você goste de executar. Alternativamente, podem se relacionar com uma causa com a qual você profundamente se preocupe. De forma ideal, é provável que potencialmente corresponda às suas habilidades e paixões.

Escrever seu sonho é um passo importante, pois ajuda a visualizar os elementos-chave de um trabalho ideal. Pode ser o essencial passo além que o ajudará a reconhecer e agarrar uma nova oportunidade que você poderia deixar passar – seja por não tê-la considerado anteriormente ou por não ter sido rápido o suficiente para agir.

Fazendo um movimento improvável na carreira

Um amigo meu tinha duas aspirações aparentemente não relacionadas: trabalhar com questões ambientais e gerenciar uma organização. O sonho de gerenciar uma organização parecia mais realista que o referente a questões ambientais, porque ele trabalhava na área de serviços financeiros na época. Como poderia passar de um trabalho na área de serviços financeiros para um sobre sustentabilidade?

Em várias ocasiões, ele havia conversado com seus superiores sobre seu interesse pessoal por questões ambientais. Como resultado, quando a empresa decidiu estabelecer uma prática de sustentabilidade, propuseram que ele gerenciasse o projeto. Neste novo papel, ele manteria suas responsabilidades existentes, mas seria a pessoa responsável para conversar com empresas de recursos naturais e assuntos relacionados com energia sobre como alcançar seus objetivos de forma sustentável. A empresa forneceu este serviço não por pensar que fosse lucrativo, mas porque acreditavam que seria uma forma de promover uma atitude de cidadania e de indiretamente levar a outras oportunidades de negócios.

Meu amigo aceitou o inesperado desafio, imaginando que iria aprofundar seu conhecimento nas questões sobre sustentabilidade enquanto continuaria com sua carreira. Alguns anos mais tarde, de forma aparentemente inesperada, uma grande organização sem fins lucrativos na área de sustentabilidade o convidou para uma entrevista para o recém-aberto cargo de CEO. Sua experiência recente na empresa do setor financeiro e suas habilidades de liderança o tornaram forte candidato. Ele aproveitou a oportunidade da entrevista e, por fim, foi selecionado. Sua paixão pela missão da organização sem fins lucrativos, bem como suas habilidades e conhecimentos na área, o ajudaram a conseguir o cargo.

Contra o que parecia ser uma remota possibilidade, ele estava agora em um trabalho compatível com dois de seus sonhos profissionais. Como isso aconteceu? Não era o curso natural de sua trajetória, mas ele foi bem-sucedido porque já havia pensado sobre o emprego dos sonhos e fora rápido para aproveitar as oportunidades que poderiam ajudá-lo a conseguir o que queria.

Se você ainda não tiver feito isso, comece a descrever seu emprego dos sonhos. Permita-se sonhar. No momento, deixe de lado a parte crítica e analítica – e não tente descobrir de que forma milagrosa você vai conseguir fazer a transição de onde está para onde quer chegar. Este exercício é um primeiro passo essencial que deve ajudá-lo a ganhar um grau maior de autoconsciência e fazê-lo se responsabilizar pelos necessários e importantes passos intermediários para perseguir seu sonho.

A importância de se comunicar

Quando tiver um esboço melhor de seu emprego dos sonhos, você deverá investigar se existe alguma função disponível na sua empresa atual que se aproxime do que você quer. Se assim for, você pode buscar alcançar seu sonho na mesma empresa – ou, pelo menos, chegar mais perto dele?

Talvez você acredite que seu chefe ou outros funcionários mais seniores o conheçam bem o suficiente para entender como suas habilidades se encaixam com suas paixões. No entanto, é preciso perceber que, infelizmente, eles não têm o poder da adivinhação ou de leitura da mente. Além disso, eles provavelmente têm muitos outros aspectos com os quais se preocupar. Portanto, esperam que você assuma a responsabilidade de dizer o que quer e que já tenha feito o exercício de considerar as possíveis atribuições que podem ajudá-lo a chegar lá

Muitos profissionais relutam em compartilhar sua ideia de emprego dos sonhos com pessoas mais experientes da empresa. Você é um deles? Por quê? Talvez tenha medo de que seu chefe atual se sinta ofendido pelo fato de o emprego dos sonhos não ser o atual. Talvez você tema que ele veja sua vontade de trabalhar em outra área como deslealdade. Talvez você sinta que ninguém na empresa realmente se importa com o que você deseja e que, por isso, você deva guardar suas aspirações para si. Você pode acreditar que as pessoas seniores de sua empresa sejam muito sábias e tenham um talento especial para escolher as pessoas certas para as funções certas. Se elas acreditassem que você era o candidato ideal para determinado cargo, certamente o teriam escolhido – certo? Talvez você se sinta estranho ao falar de suas necessidades e seus desejos. Você pode achar que se trata de autoindulgência e até mesmo egoísmo. Por fim, você pode ter medo de que as pessoas da empresa riam de você e considerem tolas as suas aspirações. Você usa alguma dessas justificativas para continuar calado?

Um sonho da América Latina

Uma executiva sênior, altamente talentosa, que trabalhava em uma grande empresa industrial, com sede na Europa, estava em Harvard para um programa executivo e veio conversar comigo sobre sua carreira. Ela disse que estava desanimada com o trabalho atual e chateada com a empresa. Perguntei por quê.

Ela contou que a oportunidade de gerenciar uma unidade de negócios na América Latina acabara de ser oferecida a um colega. Ela acreditava ser muito mais qualificada que a pessoa selecionada. O pior é que ela sequer ouvira falar sobre a oportunidade até o anúncio do selecionado. "É bem diferente me entrevistar e escolher outra pessoa, e nem sequer conversar comigo sobre a oportunidade! Será que a visão que eles têm de mim é tão ruim? Pensei que estava fazendo um excelente trabalho nesta empresa!" desabafou ela.

Ela estava seriamente considerando a possibilidade de pedir demissão quando voltasse ao trabalho, após o término do curso e chegou a me mostrar um rascunho do e-mail de demissão que estava pensando em enviar ao chefe.

Escutei a história, li o e-mail e pedi que se acalmasse. Primeiro, perguntei se ela tinha informado seu chefe de que teria gostado de receber essa oferta de trabalho.

"Não", respondeu ela. "Eu estava com muita raiva e queria esperar até me acalmar antes de falar com ele. Mas tenho certeza de que ele deve saber."

"Por que você tem certeza de que ele deve saber?"

Ela refletiu por um momento e disse que, embora não se lembrasse de qualquer conversa específica entre eles sobre o assunto, ela estava certa de que ele sabia o que ela queria.

"Pode ser um choque para você", comecei, "mas talvez ele nem sequer tenha cogitado seu nome. A julgar pelo que você disse, se eu fosse seu chefe, não acho que teria pensado em você. Você está indo bem, suas avaliações de desempenho são excelentes e você parece ter um brilhante futuro. Os sinais que você enviou até agora indicam que você ama o que faz. Gosto de pensar que estou em constante contato com as pessoas que gerencio e acho que teria feito o mesmo que seu chefe. Além disso, não está claro para mim por que esse seria o próximo passo ideal para você. Por que você acredita que seria o trabalho certo para você?".

Ela explicou que sua mãe era da América Latina e que tinha muitos parentes na região. Ela havia sonhado um dia voltar para lá como líder de um negócio.

"Será que seu chefe sabe disso?", perguntei. "Você falou sobre seu histórico familiar e seus desejos para as pessoas da empresa?"

Ela parou e, após alguns segundos, sorriu um pouco timidamente ao perceber que jamais contara sua história ao chefe. Alguns colegas e subordinados sabiam, mas era altamente provável que as pessoas seniores da empresa não tivessem a menor ideia sobre essa questão.

"Se isso era tão importante para você, por que o manteve em segredo?", perguntei.

"Bem, não tenho certeza. Nunca contei explicitamente detalhes da minha vida para os funcionários mais antigos da empresa, embora pensasse que alguns sabiam partes de minha história. Além disso, tudo ia tão bem nos últimos 12 anos que eu não queria causar qualquer desconforto pedindo uma nova oportunidade."

Nós dois caímos na gargalhada. "Então, deixe-me ver se entendi", eu disse. "Você não quer causar desconforto, por exemplo, pedindo demissão de forma repentina?"

Depois que paramos de rir, concordamos que era responsabilidade dela comunicar seu sonho. As pessoas mais seniores da empresa não eram oniscientes. Era mais do que irreal supor que soubessem o que ela estava pensando se ela mesma nunca se comunicara com eles.

Com base nessa tomada de consciência, ela voltou para a empresa e conversou com o chefe e outros funcionários seniores. Ela explicou seu sonho e me contou, mais tarde, que eles foram muito solidários e ficaram entusiasmados com a possibilidade de ajudá-la a conquistá-lo. Cerca de 15 meses mais tarde, uma posição ainda mais sênior se tornou disponível na América Latina. Ofereceram-lhe o cargo, e ela o aceitou de imediato. Ironicamente, a pessoa selecionada para a vaga anterior passou a se reportar a ela nesta nova função.

Ela aprendeu uma valiosa lição: precisava se responsabilizar por se comunicar com seus superiores.

Estou sendo muito político?

Muitas pessoas me dizem que hesitam em se comunicar muito com seus superiores, pois parece que estão sendo políticos. Elas se enfurecem quando imaginam que seus pares estão bajulando o chefe e tentando passar mais tempo com os funcionários mais seniores. Um jovem me confessou: "Odeio esse jogo. Prometi a mim mesmo que eu iria progredir por meus próprios méritos e não por meio de adulação. Eu me concentro em fazer meu trabalho!"

"Comunicar o que você está fazendo e quem você é faz parte do trabalho", argumentei.

Pela perspectiva de um gerente, é importante saber o que seus funcionários estão fazendo e o que pensam. Para colocar de forma mais simples, os funcionários mais experientes desconhecem que não sabem de algo.

Sempre incentivei meus subordinados diretos a se comunicarem comigo o suficiente para me dizerem o que achavam que eu precisava saber sobre eles. Embora eu me empenhasse para regularmente agendar reuniões e fazer algumas perguntas, eu também estava profundamente ciente de que poderia haver perguntas que eu não tinha a presença de espírito para fazer.

Se você acredita que deve, a qualquer custo, evitar aparecer e que seu trabalho deve falar por si mesmo, sugiro que repense essa suposição. Se você acredita nisso, não acho que esteja definindo seu trabalho de forma extensa o suficiente. Por favor, pense na possibilidade de você estar usando essa mentalidade como muleta, porque falar o que pensa o faz se sentir desconfortável. Sim, você tem de estabelecer o que seria uma comunicação excessiva com os superiores, mas é preciso reconhecer que se comunicar com eles, pelo menos um pouco, é necessário. Você não precisa necessariamente sair para beber com o chefe, mas deve agendar um horário (ou use uma reunião que ele mesmo agende com você) para explicar no que está trabalhando, quem você é, e o que quer. Você precisa se *apoderar* desse processo.

As três principais tarefas

Como discutido no Capítulo 2, muitas vezes vejo pessoas talentosas que não entendem plenamente as necessidades de seu trabalho atual, uma das razões mais comuns para que profissionais altamente qualificados e apaixonados não consigam atingir seu potencial. Eles podem estar no trabalho certo, mas não fizeram as análises propostas aqui de forma suficiente para tirar o máximo proveito da oportunidade. Às vezes, deparo com pessoas que constantemente mudam de um emprego para outro, sempre com baixo desempenho em face ao seu potencial e, em geral, sequer sabem o porquê.

Você pode escrever em um pedaço de papel as três principais tarefas que precisa executar muito bem para ter sucesso no seu trabalho? A maioria das pessoas com quem converso, responde de forma bastante rápida e genérica, mas as respostas sugerem que não avaliaram a pergunta com cuidado. Muitas pessoas não conseguem reconhecer a necessidade de fazer essa análise, particularmente quando começam em um novo emprego, mas ela é igualmente importante na situação de uma promoção dentro da própria empresa.

O gerente de produto recém-promovido

Eu conversava com um gerente de produto de uma empresa mundialmente líder na área de bens de consumo. Ele havia sido gerente de produto assistente e fora recentemente promovido a gerente de produto pleno de um dos produtos emergentes da empresa. Ele acreditava que não se tratava de um grande salto, pois adquirira muita experiência nos vários anos como assistente. Perguntei como ele estava se saindo.

"Não muito bem", assumiu. Ele explicou que suas avaliações de desempenho foram mais fracas que as do cargo anterior.

Perguntei o que seus chefes identificaram como pontos fortes e deficiências.

"Bem, as notas altas que costumava receber para as minhas habilidades técnicas foram mantidas", disse ele. "Mas meus chefes estão começando a criticar meu poder de julgamento." Em particular, ele havia sido criticado por alguns de seus julgamentos estratégicos e decisões táticas sobre gerenciamento de produtos.

Pedi que me descrevesse as três principais tarefas que precisava executar para ter um bom desempenho no novo cargo. Ele respondeu com base nas principais tarefas necessárias para se sair bem no trabalho anterior.

"São as mesmas para esta posição atual?", perguntei.

"Claro", afirmou. "Um gerente de produto é um gerente de produto."

Eu não era especialista nas necessidades de sua função, mas o pressionei e perguntei se ele tinha plena certeza da resposta que me dera. Por exemplo, o produto tinha mudado e, consequentemente, era provável que a dinâmica do consumidor fosse diferente. Será que isso não significava que os fatores de sucesso do produto poderiam ser diferentes? Além disso, agora ele gerenciava uma equipe, enquanto, antes, era um membro da equipe. Será que ele não estava minimizando muitas das atribuições-chave de liderança de equipe desempenhadas por seu chefe anterior? Ele poderia identificá-las? Finalmente, sugeri que ele cuidadosamente examinasse as principais razões para as críticas que recebera em relação a seu poder de julgamento e decisões estratégicas. Será que ele havia entendido o significado desse feedback?

Ele voltou para a empresa e passou várias semanas conversando com pessoas e buscando saber os elementos essenciais para ser bem-sucedido em sua atual posição. Ele descobriu que, embora pensasse que conhecia as exigências do trabalho, não tinha de fato se empenhado em defini-las. Ele começou a perceber que gestão de inovação de produto era um desafio muito maior na função atual e percebeu que precisaria se concentrar muito mais em realizar mais testes de produtos, em P&D, em focar em grupos para trabalhar com os clientes e em tarefas afins, porque o índice de competitividade em inovação era muito maior que o do produto com o qual trabalhava antes.

Ele também percebeu que recrutamento, treinamento e coaching de equipe eram mais cruciais neste trabalho. Seu chefe anterior tinha dedicado grande parte de seu tempo com isso. Agora, percebia que involuntariamente dera pouca atenção a essas tarefas. Como resultado, o desempenho de sua equipe fora mais fraco, seus funcionários estavam menos coordenados e demonstravam menos eficiência. Ele começou a compreender que seria difícil obter sucesso nesse trabalho sem uma forte equipe, cujos membros trabalhassem bem juntos.

Por fim, ele aprendeu que as críticas que recebera sobre seu poder de julgamento estavam intimamente relacionadas com seu estilo de gestão. Seus chefes vinham observando que ele não dedicava tempo suficiente para as questões certas e que respondia aos problemas que surgiam de forma reativa, em vez de proativamente antecipá-los. Essencialmente, eles o estavam criticando por não se concentrar nas três principais tarefas necessárias para alcançar a excelência em seu trabalho.

Felizmente, ele se ofendeu com as críticas recebidas a ponto de usá-las como fator de motivação, e seu segundo ano na função foi drasticamente melhor. Ele entendeu que o foco nessas tarefas principais era o que diferenciava um desempenho medíocre de um excelente.

Ele amava o novo trabalho, e suas habilidades eram perfeitamente compatíveis com a função. No entanto, aprendeu que a paixão e as habilidades por si só não foram suficientes para garantir o sucesso. Ele precisava fazer uma análise básica dos principais fatores de sucesso do trabalho para que pudesse se sobressair. Após ter tomado as medidas que percebeu necessárias, seu desempenho atingiu um nível muito maior.

As necessidades de seu trabalho atual mudaram?

Digamos que você tenha feito essa análise e agora esteja a caminho de atingir um alto desempenho. Tudo vai bem. A vida é boa.

Então, algo acontece. O mundo muda, o setor muda, a cultura da empresa muda ou talvez haja algum problema em uma unidade de negócios adjacente. Talvez algumas pessoas-chave de sua equipe peçam demissão. Talvez você mude. Talvez a empresa cresça, e você esteja lutando para se adaptar.

Por sorte ou não, as situações mudam – e, quando isso acontece, você tem de se adaptar. O problema é que as mudanças em geral ocorrem gradualmente, durante anos, até chegarem a um ponto crítico. Você pode sequer estar ciente das mudanças, e, como resultado, elas acabam pegando-o de surpresa. É quase como se, um dia, você acordasse, e tudo de repente começasse a desandar. Como isso aconteceu tão rápido? O que deu errado?

Como um vendedor pode se tornar um dinossauro

Um vendedor de uma empresa de tecnologia era responsável por boa parte dos clientes mais importantes da empresa. Ele obtivera êxito nessa função por muitos anos. A empresa começara vendendo um único produto inovador. Ao longo dos anos, ampliou seu estoque com outros produtos que ajudaram a promover seu crescimento.

Depois de um longo período de crescimento e rentável sucesso, um de seus concorrentes diretos lançou um inovador produto que ameaçava sua liderança na área. Além disso, a forma como os clientes utilizavam este tipo de tecnologia vinha gradualmente mudando nos últimos anos. Essas mudanças foram devidas a inovações de produtos e a avanços da Internet, da computação móvel e das tecnologias de plataforma.

Diante deste cenário, o chefe do vendedor se reuniu com ele para informá-lo de que a empresa decidira passar alguns de seus principais clientes para outro vendedor.

"Por quê?", ele questionou. Não fazia sentido – ele tinha um ótimo relacionamento com os clientes.

Seu chefe explicou que as necessidades do trabalho haviam mudado. Sua função agora exigia muito mais capacidade de resolver os problemas dos clientes e trabalhar com os técnicos da empresa para lidar com as necessidades deles.

Ironicamente, o vendedor teve a capacidade de se adaptar a essas mudanças. Ele era formado em Engenharia, tinha um bom produto e conhecimento do sistema. Seu trabalho estava sendo reduzido por não ter tomado a iniciativa de se adaptar às mudanças em curso no setor, nas tecnologias usadas e em relação aos clientes. Seu chefe só poderia avaliar o desempenho que observava e concluiu que o vendedor tinha capacidade e potencial de crescimento limitados.

Por que isso aconteceu? A dura realidade é que ele tinha entrado na zona de conforto e continuava a realizar o trabalho da forma que sempre fizera e não tomara a iniciativa de estudar e atualizar sua visão em relação às necessidades das tarefas-chave do setor de vendas. Ele supôs que a própria empresa se responsabilizaria por fazê-lo atualizar suas habilidades se julgasse necessário, pois não se considerava responsável por isso. Como resultado, não dedicou parte suficiente de seu tempo pensando nas tarefas-chave, agora essenciais para um desempenho diferenciado.

Novamente, não é que ele fosse incapaz de fazer essa análise. Logo que começou na empresa, ele fizera uma cuidadosa avaliação das exigências do trabalho e adaptou seu comportamento e desenvolvimento de habilidades de acordo com suas conclusões. Infelizmente, apesar de o cenário ter mudado, ele deixou de atualizar essa análise e reduziu sua participação nas sessões de treinamento da empresa, que visavam ajudá-lo a continuar atendendo às necessidades dos clientes.

"Tudo caminhava bem", refletiu. "Meus clientes me adoravam. A empresa me amava. Eu meio que me orgulhava de ser um pouco excêntrico e talvez um lobo solitário que não precisava comparecer aos treinamentos. Quando eu estava presente, não prestava atenção nem fazia follow-up sobre o que aprendia. Eu era uma estrela na área de vendas – não precisava *realmente* de treinamentos."

Ele agora tinha uma crucial escolha a fazer: deveria se revoltar por perder metade das contas ou se dedicar a estudar as necessidades do trabalho e adaptar seu desenvolvimento de habilidades e alocação de tempo para lidar com o novo cenário?

Ele ainda tinha um longo caminho profissional pela frente e amava a empresa e o trabalho. Ele acreditava que o trabalho ainda era compatível com suas habilidades. Como queria se manter no cargo, decidiu atualizar sua visão em relação às três principais tarefas críticas para melhorar seu desempenho. Em seguida, aproveitou o excelente programa de treinamento da empresa para melhorar seu conjunto de habilidades e descobriu que gostava de aprender e atualizar seus conhecimentos. No trabalho diário, começou a rigorosamente monitorar seu tempo para se certificar de que estava fazendo bom uso dele e focando tarefas mais importantes.

Um ano mais tarde, ele me contou que tinha reconquistado várias das contas que perdera. Claramente, seu chefe ficara impressionado com a maneira pela qual ele tinha usado as críticas como fator de motivação para superar as adversidades. Ele lamentou ter esperado acontecer um revés para atualizar seu entendimento das necessidades do trabalho e adaptar suas ações nesse sentido e jurou nunca mais repetir o erro. Felizmente, agora ele estava de novo no caminho certo para promover sua carreira e atingir seu potencial.

A folha de papel em branco

Presumindo-se que você esteja no lugar certo, aqui vão alguns passos que irão ajudá-lo a se manter atualizado em relação às principais tarefas críticas para ser bem-sucedido:

- Faça o exercício do papel em banco para seu trabalho atual. Se você estiver começando agora em um novo emprego, quais seriam as três tarefas mais importantes para chegar à excelência? Se for útil, pense na possibilidade de entrevistar colegas e clientes para responder a essa pergunta.
- Avalie como suas habilidades atuais se alinham às exigências dessas tarefas. De que tipo de treinamento ou desenvolvimento de competências você precisa? Concentre-se em um plano para atualizar suas habilidades.
- Certifique-se de alocar o tempo necessário para essas tarefas fundamentais. Monitore seu tempo por duas semanas e determine se está de acordo com a relevância dessas atividades. Avalie sua conclusão, seja positiva ou negativa, e tente identificar as razões. Desenvolva um plano para destinar pelo menos 70% de seu tempo a essas tarefas-chave. Para conseguir essa porcentagem, considere a possibilidade de delegar atribuições não prioritárias ou aprender a dizer não com muito mais frequência. Mantenha uma lista das três atividades na parede e olhe para ela antes de concordar com exigências que tomem seu tempo.

Essas são as ações básicas que a maioria de nós (inclusive eu) tem preguiça de tomar. Concentre-se em atualizar esse trabalho periodicamente.

Só você pode se desviar do rumo

A carreira é uma maratona individual, não uma corrida de revezamento. O desenvolvimento de habilidades, a busca por sua paixão e a compatibilização de seus esforços com o trabalho são essenciais, mas essas ações o levarão até certo ponto. Também é importante cultivar uma mentalidade que antecipe ocasionais recuos e o prepare para se recuperar de eventuais tropeços, refletir sobre o que aconteceu e seguir em frente.

Se você trabalha para alguém ou tem seu próprio negócio, é preciso uma grande quantidade de energia emocional e física para consistentemente se motivar a melhorar, desenvolver suas habilidades e se dedicar ao trabalho com intensidade. A despeito de quão bem você se adapte ao trabalho, haverá, inevitavelmente, elementos que irão incomodá-lo, desencorajá-lo e desgastá-lo.

Há muitos exemplos de potenciais elementos perturbadores: seu chefe pode ser um idiota, talvez você tenha sido preterido para uma promoção, sua remuneração pode estar aquém do que você gostaria, talvez você tenha tido um ano ruim ou não goste de algum parceiro de trabalho, subordinado ou cliente. Você pode estar se sentindo cansado e desgastado, estar com problemas em casa ou talvez um de seus filhos esteja doente. Pode ser que a cultura da empresa tenha mudado, a fonte de lucro da empresa tenha mudado, novas leis tenham negativamente afetado os negócios, o país ou o mundo venha passando por uma grave recessão e assim por diante. Você entendeu, certo?

Esses percalços acontecem e, quando surgem, podem minar sua força e energia emocional. Pior ainda, podem deixar seu trabalho enfadonho. O que fazer?

A competência-chave para tirar o máximo proveito de suas oportunidades é a capacidade de manter o equilíbrio, refletir e encontrar formas de se revigorar para poder seguir em frente. Infortúnios, injustiças e o comportamento de outras pessoas podem derrubá-lo. Para enfrentar esses contratempos e desafios, é importante ter a consciência de que só você pode se desviar do rumo. Você é o condutor dessa jornada. Como tal, precisa ter tempo para pensar em uma forma de lidar com aborrecimentos, contratempos e adversidades. Ao prever esses empecilhos, você saberá lidar melhor com eles quando surgirem.

Lidando com um penoso contratempo

Recebi um telefonema urgente de um ex-colega que acabara de descobrir que não seria promovido. Seu chefe lhe dissera que ele não se tornaria diretor naquele ano, mas tinha boa chance de ser promovido no ano seguinte.

Ele me telefonou para conversar sobre o ocorrido. No final da história, explicou como reagira à notícia: "Repreendi meu chefe e saí do escritório com muita raiva. Trabalhei demais para essa promoção. Meu chefe disse que brigou para me indicar ao cargo, mas isso não amenizou minha raiva. Eu me sinto constrangido na frente dos colegas. Minha esposa estava planejando uma pequena festa em minha homenagem depois que eu fosse promovido, e agora está constrangidíssima de ter de dizer aos amigos que a festa foi cancelada. É horrível."

Perguntei: "Você ainda gosta do trabalho e da empresa? Você confia nas pessoas e seniores da organização?" Apesar de estar muito bravo, ele respondeu positivamente a todas essas perguntas.

Aconselhei-o a telefonar imediatamente para seu chefe. "Desculpe-se pela sua reação emocional. Se possível, faça-o pessoalmente. Se você não conseguir, empenhe-se ainda mais para chegar a esse ponto."

"Em segundo lugar, vá direto ao escritório amanhã e mantenha a calma", acrescentei. "Concentre-se no trabalho. Mesmo se estiver se sentido péssimo, faça o seu melhor para ser altamente profissional e manter o bom humor. Um ano passa voando, e você deve mostrar que é capaz de lidar com a situação de maneira profissional."

Pude perceber que ele ficou irritado com meu conselho e ainda estava com raiva sobre o que tinha acontecido naquele dia. Meu medo era ele deixar um momentâneo resvalo manchar sua postura profissional, que sempre fora extraordinária. Não era culpa dele não ter ganhado a promoção, mas certamente era o responsável por sua reação à notícia.

Na verdade, eu me solidarizei com ele porque muitas vezes reagi emocionalmente. Ao longo dos anos, quando era criticado, às vezes cometia o erro de reagir defensivamente, talvez porque estivesse cansado e me sentindo inseguro, por ter entendido que a crítica tivera a intenção de me derrubar ou talvez tenha me sentido oprimido. Em quase todos esses casos, percebi mais tarde que deveria ter contado até dez, controlado minhas emoções, me concentrado na essência da crítica e mantido a calma.

Ao longo dos anos, testemunhei inúmeros casos em que a reação acabou sendo mais prejudicial que o revés em si. Quando mantemos a serenidade em circunstâncias ruins, as pessoas ao nosso redor ficam positivamente impressionadas. Se, ao contrário, perdemos o controle e explodimos, o único aspecto que ficará na memória das pessoas será nossa falta de controle sobre nossas emoções, e os colegas começarão a questionar se essa reação intempestiva voltará a se repetir em outras situações críticas.

Por fim, o jovem foi procurar o chefe e se desculpou com ele. Não foi fácil. No entanto, o chefe ficou impressionado com sua coragem de tentar se redimir de forma serena. Ele foi promovido no ano seguinte. Ninguém na empresa se lembra de quando ele se tornou diretor – ou que inicialmente fora preterido. Sua esposa tampouco se lembrava.

Qual é a moral da história? Mais uma vez, sua carreira é uma maratona, não uma corrida de 100 metros. Se você acha que conseguirá sair ileso, sem passar por humilhações, constrangimentos e injustiças ou infortúnios, está sendo irrealista. O truque não é evitar esses contratempos, mas aprender a lidar com eles.

Lidando com a injustiça

Ao aprender a lidar com a decepção, acho útil pensar sobre como lidou com a injustiça no passado. O Capítulo 4 descreveu um exercício sobre injustas histórias passadas. Esse exercício pode lhe dar um horizonte em relação às razões para o seu próprio comportamento e fornecer insights sobre a melhor maneira de lidar com os desafios futuros.

Alcançar seu potencial não se trata de evitar a injustiça. Infelizmente, você não pode nem vai conseguir. Trata-se, na verdade, de como lidar com ela. Você culpa os outros? Perde a cabeça? Você se retrai? Se você se comporta assim, entende o porquê? Você recua e reflete sobre o que pode aprender com as adversidades ou tenta bloqueá-las da sua mente porque é muito doloroso pensar sobre elas? Você se deixa intimidar?

Não tenho uma resposta simples e genérica de como lidar com a injustiça. No entanto, acredito que haja algumas medidas a tomar quando surge um contratempo.

- **Mantenha a calma.** Não tome uma atitude precipitada da qual você possa se arrepender mais tarde. Não deixe que suas emoções imediatas o levem a tomar uma ação impensada. Geralmente, há tempo para agir. Certifique-se de agir com base no bom senso.
- **Reflita por um tempo antes de agir.** Isso significa esperar por uma noite, um fim de semana ou até que você possa tirar uma semana de férias. Trabalhe no sentido de obter uma perspectiva sobre o que aconteceu. Pense, sobretudo, no que pode aprender com o que aconteceu? Existe algo que você poderia ter feito diferente e que gostaria de rever no futuro?
- **Solicite ajuda externa, se necessário.** Recorra a pessoas próximas para pedir apoio, conselhos e um ponto de vista diferente sobre o ocorrido (Capítulo 7).

A paixão é essencial para o sucesso. O risco é que uma grande paixão pode acabar gerando uma situação difícil. Você deseja gerenciar suas emoções, agir criteriosamente e aprender com os percalços.

Julgamento precipitado

O pouco tempo dedicado a pensar sobre a carreira é uma das razões pelas quais as pessoas não conseguem usar suas habilidades para tirar o máximo proveito das oportunidades e, portanto, acabam não alcançando seu potencial.

Uma excelente executiva da área de tecnologia veio se aconselhar comigo. Ela ocupava uma função executiva na empresa havia cerca de três meses e assumira o cargo depois de uma bem-sucedida carreira em uma empresa de publicidade. Ela não estava gostando do novo trabalho. Na verdade, disse ela, até o momento, odiava a nova função e explicou que a cultura da organização era diferente da que esperava. A empresa fora fundada e dirigida por especialistas em software e engenharia, e a cultura era motivada pelo produto e voltada para a tecnicidade. Ela possuía um conhecimento geral de tecnologia e vinha conhecendo o produto da empresa, mas não estava em patamar de igualdade com os outros executivos sobre essas questões. Sentia-se uma estranha naquele ambiente.

Ela acrescentou que não conseguia descobrir como agregar valor à empresa. Consequentemente, procurara uma empresa de headhunters de executivos e já tinha ido a duas entrevistas de emprego. Talvez aceitar este trabalho atual tivesse sido um grande erro, refletiu, e seria melhor corrigi-lo logo. Psicologicamente, ela vinha tolerando o dia a dia do trabalho atual porque sabia que sairia em breve. Por isso, passou a não dar importância a conhecer os colegas e a compreender o negócio, o que, por sua vez, tornava o trabalho ainda menos agradável. Mentalmente, ela já se desligara da empresa.

Ela disse que viera me ver em busca de conselhos, mas tive a impressão de que o que realmente procurava era a minha validação para sua atitude.

Pedi que voltássemos ao início e me explicasse por que aceitara o emprego na empresa de tecnologia, para começo de conversa. Ela explicou que pensara que adoraria o setor, o produto trazia substancial valor para os clientes, ela havia gostado das pessoas e pensara que poderia agregar valor à empresa com sua expertise em marketing de consumo e de produtos.

"O que mudou?"

"Bem", disse ela, "acho que acabei de lhe explicar".

"Você me disse que se sente inadequada e não consegue se enquadrar à cultura da empresa. Quero saber quais aspectos de sua premissa inicial mudaram."

Ela ficou em silêncio.

Afirmei que não tinha subsídios suficientes para aconselhá-la de forma clara e específica. Eu não conhecia as pessoas, e era ela quem estava passando por aquela situação. Eu sabia que a adaptação à cultura de uma nova empresa muitas vezes leva tempo – em geral, um ano.

Todos nós presumimos que o primeiro ano em uma função júnior possa gerar um choque de cultura. Para lidar com isso, a maioria das empresas oferece vários tipos de programas que visam à "integração" de novos funcionários. A verdade é que mesmo uma mudança lateral envolve um choque de cultura e, muitas vezes, é necessário ainda mais tempo e dedicação.

Meu pífio feedback foi que ela estava tão infeliz que ainda não podia realmente se certificar se poderia se adaptar à função. A meu ver, ainda não havia uma circunstância ou elemento óbvio do trabalho que pudesse evidenciar o fato de ser ou não adequado para ela, pelo menos, por enquanto. Ela ainda confiava no CEO e em outros diretores e ainda achava que eles precisavam de suas habilidades. Ela permanecia confusa em relação às necessidades do trabalho e à compatibilidade da função com suas habilidades.

Sugeri que ela recomeçasse o processo de adaptação. "Dê a si mesma um ano", orientei. "Se, depois de um ano, você continuar se sentindo assim, tudo bem – peça demissão sem muitos arrependimentos." Nove meses a mais não fariam grande diferença no cenário global, afirmei. Além disso, em futuras entrevistas de emprego, seria mais fácil explicar por que passara um ano nesse emprego, em vez de sair abruptamente após apenas três ou quatro meses.

Voltamos a conversar um ano depois. Fiquei agradavelmente surpreso ao ouvir o quanto estava entusiasmada com o trabalho. Ela estava adorando e praticamente esquecera o quanto estava infeliz quando conversamos pela primeira vez. O que havia mudado? Depois de deixar meu escritório um ano antes, ela empenhou toda sua energia emocional no trabalho de integração com a cultura da empresa. Depois de alguns meses, começou a encontrar seu ritmo e a enxergar como poderia agregar valor. Ela passou a estreitar o relacionamento com os colegas e já compreendia melhor a cultura. Finalmente, sentia-se parte integrante da empresa.

Eu poderia contar muitas histórias como essa, que ressaltam a importância de calibrar o tempo certo para alcançar seu potencial. Relacionamentos e adaptação levam tempo. Se seu tempo interno está correndo como uma bomba-relógio, é difícil focar as ações-chave que deve tomar para se integrar a um novo trabalho e desenvolver suas habilidades.

Seu relógio interno

Todos temos um relógio interno, embora raramente estejamos conscientes de sua influência sobre nossos pensamentos. Quantos anos tenho? Em que estágio de vida eu deveria estar nessa idade? Como meus colegas estão se saindo? Como este trabalho se encaixa com outras prioridades em minha vida? Por quanto tempo eu gostaria de trabalhar? Essas são apenas algumas das perguntas relacionadas com o tempo que constantemente nos fazemos e que podem ser exacerbadas pelo cenário de fracasso que, por vezes, povoa nosso pensamento (Capítulo 4).

Em um esforço para ajudá-lo a reconhecer suas paixões, sugeri, em um capítulo anterior, que você se pergunte o que faria se tivesse apenas um ano de vida. No entanto, depois de ter feito uma escolha profissional com base no seu melhor poder de julgamento, você precisa, em seguida, desacelerar e dar tempo a si mesmo. É preciso pelo menos um ano, ou até mais, para julgar se você se enquadra à cultura da empresa – salvo pelo surgimento de uma relevante questão ética, é claro. Em muitas carreiras, os primeiros anos em uma função júnior são entediantes, mas o próximo nível sempre permite delegar tarefas mais básicas, divertir-se mais e realmente se destacar, se você conseguir permanecer tempo suficiente na empresa para chegar a esse ponto.

Se você já estiver mentalmente se desligando da organização, não terá a oportunidade de aplicar suas habilidades e paixões para descobrir quão bom pode ser na função atual. Criar prazos irreais e se deixar oprimir pelo tempo podem inviabilizar uma carreira potencialmente promissora. Cada um tem seu próprio ritmo para alcançar o amadurecimento. De fato, em muitos casos, vi pessoas levarem vários anos para crescer e amadurecer antes de se tornarem executivos profundamente eficientes.

Tenha cuidado com seu relógio interno. Use os modelos mentais e os exercícios discutidos anteriormente neste livro para avaliar suas paixões e tomar sábias decisões profissionais. No entanto, uma vez que você faça a escolha, prometa que dará a si mesmo o tempo necessário. Após um período suficiente, reavalie.

Muitas vezes me perguntam como pude ficar em uma empresa por 22 anos. Minha resposta tem sido sempre a mesma: um ano de cada vez. Não decidi que faria o trabalho por dois ou três anos, mas me dei um ano e depois regularmente reavaliava o cenário. Durante aquele ano, colocava toda a minha energia em realizar o trabalho da melhor forma. Se eu estivesse infeliz em alguns dias ou em uma semana específica, sabia que, no final do ano, teria tempo para reavaliar a situação. Não perdia tempo ou energia emocional para tentar decidir se estava "dentro" ou "fora" da empresa.

Pergunte a si mesmo qual o seu conceito de tempo em relação ao trabalho atual. Você está desperdiçando muito tempo para se decidir se ficará ou se pedirá demissão da empresa? Você recebe ligações de empresas de recrutamento e normalmente chega a comparecer em entrevistas? Por quê? Pense em como essas ações podem estar afetando seu desempenho e seus esforços para dar o melhor de si.

Alto desempenho: dê o seu melhor no emprego que escolheu

Grande parte deste livro é sobre você e aborda como se compreender melhor. Esse trabalho é fundamental, mas, em última análise, suas atitudes fazem toda a diferença. Ao longo dos anos, conheci muitas pessoas talentosas que não deram o melhor de si e, mais tarde, se arrependeram por terem desperdiçado excelentes oportunidades. Em algum momento de suas carreiras, elas deixaram de ter senso de urgência e motivação para melhorar seu desempenho. Sua paixão pelo trabalho ainda estava lá, mas a dedicação para aprender sobre a função começara a diminuir. Essa dedicação, em alguns casos, fora impactada por um revés, pelo hábito de achar que o trabalho já estava garantido, por complacência em relação ao próprio desempenho ou por distrações externas. Essas reações são naturais, mas a ambivalência em relação à carreira é uma questão que precisa ser tratada com a devida atenção.

Você precisa se concentrar em fazer um bom trabalho com a situação que se apresenta para você. Se a função é compatível com suas paixões e habilidades, ótimo, mas há vários outros aspectos importantes para atingir o alto desempenho. Comunicação com superiores, atualização das necessidades do trabalho e autogestão são fatores fundamentais – e muitas vezes, subestimados ou esquecidos – para alcançar seu potencial.

Depois de dominar o material apresentado nos primeiros cinco capítulos deste livro, você precisa fazer o esforço extra e voltar sua atenção a outros fatores que fazem a diferença entre o bom e o ótimo. Vamos examiná-los nos próximos capítulos.

Ações sugeridas para follow-up

- Quando foi a última vez que você conversou com seu chefe imediato ou outra pessoa sênior da sua empresa em relação ao trabalho e suas aspirações profissionais? Se já faz tempo, considere a possibilidade de levantar esses pontos em uma sessão de coaching ou na avaliação de desempenho de fim do ano.
- Comprometa-se a fazer uma análise regular das três tarefas mais críticas para obter sucesso no trabalho atual. Monitore seu tempo e verifique se está em estreita correspondência com a execução dessas tarefas. Certifique-se de que esteja concentrando o desenvolvimento de habilidades no sentindo de se tornar cada vez mais capaz de executar essas tarefas e cerque-se de pessoas que possam complementar suas habilidades.
- Anote o que o impede de dar o seu melhor ao trabalho atual. Faça uma lista das distrações ou outros fatores que parecem desviá-lo de atingir a excelência.

CAPÍTULO 6

Bom *versus* ótimo

Personalidade e liderança

- Você se empenha no sentido de descobrir no que acredita e tem a coragem de agir de acordo com suas crenças?
- Você se responsabiliza por seu trabalho?
- Você demonstra afastamento em relação ao dia a dia do trabalho?
- Você tem uma visão clara de seus valores e limites éticos?

É um desafio conhecer seus pontos fortes e fracos, entender suas paixões, compreender a si mesmo e, em seguida, aplicar esse conhecimento para dar o seu melhor em um trabalho específico e gerenciar sua carreira. Se você conseguir cumprir essas etapas, aumentará drasticamente a probabilidade de atingir seu potencial. Tudo isso vai levá-lo até certo ponto – mas você ainda pode ir muito mais longe. Esta próxima etapa envolve a análise de sua personalidade e seus comportamentos de liderança.

Uma estrela deseja realizar seu potencial

Trabalhei com um talentoso profissional que fizera relevantes progressos em uma grande empresa de serviços financeiros. Ele fora promovido a diretor com trinta e poucos anos. Era muito querido pelos clientes, dedicado ao trabalho e muito valorizado pela empresa por suas diversas contribuições comerciais. Ele adorava o mercado e realmente gostava de resolver problemas complexos para os clientes. Dedicadamente estudava os principais fatores de sucesso do trabalho e gostava de aprender, melhorar suas habilidades e se adaptar às mudanças do negócio. Ele havia se encontrado profissionalmente.

Então, algo estranho aconteceu: ele começou a ansiar por mais desafios profissionais. Foi conversar com os funcionários mais seniores de sua divisão e explicou seus desejos. Em resposta, os mais experientes insistiram que ele deveria continuar na mesma função. Insatisfeito, ele supôs que não tinha sido suficientemente específico e convicto e explicou que gostaria de gerenciar uma unidade de negócios. Eles deixaram claro que não acreditavam ser esta sua maior e melhor contribuição para a empresa e disseram que ele poderia continuar a ter uma grande carreira trabalhando com clientes e ser muito bem remunerado. Além disso, acreditavam que ele deveria estar satisfeito com a atual função.

Ele veio conversar comigo sobre a situação. "Talvez eu esteja apenas passando por uma crise de meia idade", ponderou. "Eu deveria estar feliz com o que tenho, mas estou com apenas 41 anos e não posso aceitar que este seja o ponto máximo de minha carreira. Meus superiores continuam insistentemente rejeitando meus argumentos. Não consigo entender por quê. Pensei que gostassem de mim. Minhas avaliações de desempenho são excelentes, mas não consigo obter uma resposta do meu chefe que me esclareça por que ele não considera a possibilidade de me oferecer um cargo de maior liderança."

Encorajei-o a retomar sua última avaliação de desempenho, estudá-la de forma minuciosa e tomar nota de alguns pontos que considerasse importantes. Para isso, ele precisaria falar com seu chefe, pedir a ele que explicasse novamente os resultados quantitativos e fornecesse uma atualização sobre os comentários que fizera verbalmente. Também o encorajei a fazer o chefe se concentrar na discussão das categorias que englobavam especificamente trabalho em equipe, seu trabalho como exemplo a ser seguido, sua capacidade de fornecer coaching e outros atributos de liderança.

Ele seguiu minha sugestão e foi procurar o chefe para ter essa conversa. Percebeu, para sua vergonha, que nem por um momento considerara focar as categorias sugeridas por mim durante sua avaliação de desempenho. Ele percebeu que as notas dessas categorias qualitativas foram relativamente baixas, e havia vários comentários negativos sobre sua capacidade (ou a falta dela) de fornecer coaching para jovens. Essas questões não pareciam ter qualquer impacto sobre seu salário e perspectivas de promoção, portanto não dera muita atenção a elas. No trabalho atual, ele acreditava que atender aos clientes e fazer negócios eram as únicas atribuições verdadeiramente importantes para o sucesso e, portanto, não alocara tempo para atividades de recrutamento, treinamento, coaching e similares. Além disso, considerava essas tarefas responsabilidades do departamento de Recursos Humanos ou de outros funcionários não tão brilhantes em produção quanto ele. Seus chefes não fizeram nada para desencorajar essa visão. Por todas essas razões, ele estava certo de que era melhor que seus pares.

Eu já tinha visto esse tipo de situação antes, então não estava realmente surpreso. Não havia dúvida de que ele era ótimo na função, mas sua definição do trabalho era muito limitada. Claro que a empresa precisava de grandes produtores – mas, para ter sucesso, ela também precisava de líderes que ajudassem outros funcionários a crescer e se aprimorar. Até aquele momento da carreira, ele se comportara como se não tivesse qualquer interesse em ajudar e orientar os outros.

Será que ele queria ser um grande produtor pelo resto da vida profissional ou queria um trabalho mais amplo? Ele seria bom de qualquer maneira. Qual era sua definição de sucesso, em termos de seu legado, paixão e alcance de seu potencial? Ele tinha de decidir. Eu o adverti que, se ele escolhesse o caminho de um trabalho mais amplo, teria de fazer substanciais modificações em seu comportamento:

- Ele teria de ser muito mais altruísta e precisaria pensar e agir como se fosse dono da empresa. Teria de trabalhar no recrutamento de novos funcionários, assim como no treinamento, coaching e aconselhamento de jovens e pares – mesmo que não ganhasse qualquer crédito evidente por esse trabalho. Ele teria de se envolver nessas atividades, pois é o que os líderes fazem: agem como se fossem donos do lugar e, portanto, definem seus empregos de forma muito ampla.
- Ele teria de começar a servir de modelo em relação a amplos comportamentos de liderança e precisaria ser menos cético em relação aos programas da empresa, conformidade e gerenciamento de risco. Por quê? Porque é isso que um líder faz. Não é função de qualquer outra pessoa.
- Ele teria de adquirir o hábito de dar crédito aos outros e modificar o próprio comportamento de querer levar o mérito por tudo. Até agora, quando ele conseguia fechar um negócio, praticamente dava a volta olímpica pelo escritório para receber os elogios. Ele se sentia ótimo, mas chateava todos aqueles que também haviam trabalhado no projeto junto com ele. Com essa postura, implicitamente comunicava aos funcionários seniores que, embora fosse um produtor de alto desempenho, não era um líder.

Infelizmente, seus chefes nunca mencionaram esses pontos a ele antes. Como eles acreditavam que ele não tinha amplo potencial de liderança, satisfizeram-se em definir seu papel de forma mais restrita e estavam dispostos a mantê-lo nas mesmas atividades que já vinha realizando. Eles o viam preenchendo um papel de forma tão eficiente, que não viam necessidade de alterá-lo. Ao mesmo tempo, ele nunca expressara o desejo de ser um líder. Na verdade, seu comportamento praticamente enviava a mensagem oposta.

"Como não enxerguei isso antes?", ele me perguntou. "Não quero ser apenas um produtor. Quero fazer mais e aprender mais. Morro de medo de olhar para trás e ver que esse foi o ponto máximo em que consegui chegar na carreira. Cara, realmente estraguei tudo!"

A parte mais difícil da situação era que nenhum dos funcionários seniores da empresa queria correr o risco de atribuir mais responsabilidades a ele, a menos que ele próprio fosse o primeiro a demonstrar disposição para convencê-los de que poderia se comportar como um líder. Na realidade, muitas vezes, você precisa agir como líder antes de as pessoas aceitarem correr o risco de lhe dar uma função mais ampla de liderança.

Ele percebeu que seria necessário fazer mais que apenas comunicar o que queria. Primeiro, precisaria começar a exibir esses comportamentos, a fim de construir sua credibilidade como líder em potencial.

Ele decidiu ir à luta e levar esse desafio a sério. Passou a acompanhar processos de seleção e a fornecer coaching para os funcionários menos experientes. Foi uma luta para ele, porque seu salário não passou a englobar essas novas atividades, embora eventualmente conseguisse alguns tapinhas nas costas que demonstravam admiração. Ele precisava se reciclar para fazer essas atividades, mas por vontade própria, não porque esperava receber algo em troca. Foi uma mudança mental brutalmente difícil para ele interiorizar. Demorou alguns anos.

Em última análise, os funcionários mais experientes começaram a acreditar que valia a pena lhe dar uma chance de ocupar um cargo de liderança. Eles primeiro tornaram-no o responsável pelo recrutamento – tarefa ingrata, mas importante e que, às vezes, parecia mais um prêmio de consolação para ele. Depois de observar seu desempenho nesse trabalho por um tempo, então lhe ofereceram uma unidade de negócio. Ele agora teria sua chance.

A mentalidade certa

O protagonista da história anterior teve sorte, sob vários aspectos. Ele era tão bom em produção que conseguiu se sair bem mesmo sem demonstrar características de liderança e de formação de equipes. Mesmo assim, finalmente acabou encurralado por essa restrita abordagem. Em muitas outras profissões, sua incapacidade de mostrar liderança e personalidade teria atrapalhado seu progresso muito mais cedo.

Este capítulo enfoca o fundamental papel dessas características e comportamentos para alcançar seu potencial. É difícil desenvolvê-los porque dificultam o trabalho do coach, os frutos desse exercício levam anos para começarem a aparecer e raramente se prestam a métricas e mensuração.

Este capítulo irá discutir o que significa ser um líder, agir com responsabilização e desenvolver uma mentalidade que o ajude a exibir traços de personalidade que possam levá-lo a um nível muito mais elevado de eficiência.[1] O capítulo também irá discutir os inúmeros obstáculos para chegar a esse nível e descreverá algumas técnicas para superá-los.

O que é liderança?

As palavras "líder" e "liderança" são usadas de forma excessivamente genérica. A despeito da frequência com a qual esses termos são usados, a maioria das pessoas não tem certeza de seu exato significado. Se eu pedisse a uma centena de pessoas para definir liderança, provavelmente receberia uma centena de respostas diferentes.

Deixe-me apresentar minha própria definição. Liderança é a capacidade de descobrir no que você acredita e a coragem para agir de acordo com essas crenças. O objetivo dessas ações deve ser agregar valor a uma empresa e exercer um impacto positivo sobre as pessoas.

Com base nessa definição, acredito que haja uma infinidade de líderes no mundo. A mãe solteira, um soldado, um policial, um empresário, um executivo de uma empresa sem fins lucrativos, um gerente de uma grande empresa, um professor universitário ou um funcionário que trabalhe na sala de correspondência – todos são líderes em potencial. Vejo esses líderes todos os dias. Eles vêm de todas as partes do mundo e de todos os estilos de vida.

Essas pessoas descobrem no que acreditam e têm a coragem de agir de acordo com essas crenças. Elas se concentram em adicionar valor aos outros, definem seus papéis de forma ampla e agem como donos de suas organizações.

De acordo com essa definição, você não precisa gerenciar alguém para ser líder. Seguindo o mesmo raciocínio, você pode gerenciar milhares de pessoas e não ser um líder – talvez um bom gerente, mas não um líder. Tudo depende do que você faz. Você não precisa de um convite formal para ser um líder. A postura de líder tem base nas ações que você toma de acordo com o contexto da situação.

Essas definição e concepção são importantes. Grandes organizações, países e famílias são construídos em torno de um núcleo de pessoas que atuam como líderes. É praticamente impossível construir um esforço sustentável e de alta qualidade e realizar algo relevante sem liderança. Passei minha carreira inteira procurando e desenvolvendo pessoas dispostas a expor esses comportamentos e, a partir disso, fui construindo empresas e organizações sem fins lucrativos em torno delas.

O que isso tem a ver com você? Embora eu o incentive a seguir as orientações dos cinco primeiros capítulos deste livro, essas ações irão levá-lo até certo ponto. O próximo passo fundamental é usar seus talentos para um propósito maior. Quando as pessoas aprendem a fazer isso, muitas vezes chegam a novos e emocionantes patamares, anteriormente inimagináveis para elas.

A importância de estar convicto

O primeiro passo para esse esforço requer que você descubra no que acredita. É difícil? Para muitas pessoas talentosas, acaba sendo extremamente complicado.

Você pode começar esse esforço ao adotar uma visão simples: coloque-se no lugar do responsável pelas decisões e decida o que faria se estivesse naquela situação. Não se trata de descobrir quais seriam seus argumentos ou bancar o advogado do diabo. Trata-se, na verdade, de descobrir como é a sensação de estar na pele do líder e angustiado para tentar descobrir o que faria em seu lugar.

Todos os dias, na televisão e na Internet, vemos especialistas criticarem líderes empresariais e governamentais por suas ações – mas que nunca se colocam na berlinda e articulam exatamente o que fariam se estivessem no comando. Pense nas conversas de corredor que você ouve na empresa. As pessoas criticam as decisões da alta administração, embora ninguém saiba o que esses críticos fariam se tivessem de tomar as decisões. É muito mais fácil apontar falhas nas ações dos outros que passar pelo estresse e reflexão necessários de realmente se colocar no lugar do responsável pelas decisões.

Em muitas empresas, os funcionários de posições hierárquicas inferiores acreditam que o caminho para o sucesso é fazer seu trabalho, concentrar-se nas tarefas e manter a boca fechada. Eles também acreditam que o mais inteligente a fazer é descobrir o que os chefes querem e trabalhar pesado para conseguir entregar o que se espera deles. Ao profundar um pouco mais essa lógica, pode parecer inteligente descobrir o que o chefe pensa e então agir como se você partilhasse desse pensamento; assim, o chefe vai considerá-lo muito inteligente. Há muita sabedoria convencional na maioria das empresas sobre como subir na hierarquia, mas, infelizmente, o senso comum não inclui demonstrar suas opiniões e discordar da maioria.

Grandes carreiras e organizações são construídas em torno das pessoas que se dispõem a agir como líderes. Grandes empresas dependem de pessoas que tenham a coragem de falar – mesmo que o chefe discorde delas e que, por vezes, se sintam mal por terem se manifestado e pensem que seria melhor terem ficado calados. Esse esforço começa descobrindo no que você acredita e aprendendo a agir com responsabilização.

Quem cala consente: a história do gerente de produto assistente

Um gerente de produto assistente em uma empresa de produtos de consumo integrava uma equipe que trabalhava no lançamento de um novo item. O chefe do projeto era o vice-presidente da divisão. A equipe vinha trabalhando no lançamento havia vários meses. O novo produto seria uma extensão da marca do principal e extremamente bem-sucedido carro-chefe da empresa.

Durante a preparação para o lançamento, a equipe realizou uma reunião decisiva para discutir as características do produto, a estratégia de marketing e um pacote de acordos comerciais de varejo que ajudariam a lançar o novo item ao mercado. Os acordos comerciais propostos incluíam exposição especial nos pontos de venda. O vice-presidente conduziu a discussão, detalhando as propostas finais para os principais detalhes do lançamento. Ao final de seus comentários, ele perguntou aos sete profissionais na sala se alguém tinha algum comentário ou discordava de algo que havia sido discutido.

O gerente de produto assistente sentiu uma pontada de ansiedade por permanecer em silêncio. Ele olhou ao redor da sala e não viu qualquer indício de que alguém planejava se manifestar. O vice-presidente reformulou a pergunta: "Presumo, então, que todos vocês estejam completamente de acordo com esses planos?" O gerente de produto assistente assentiu, assim como seus pares.

Enquanto concordava, perguntava-se por que se sentia tão desconfortável. Percebeu que era por não estar exatamente de acordo com os elementos-chave do plano. Em particular, ele não gostara da parte sobre a exposição nos pontos de venda, sentia que o orçamento de marketing deveria ser revisto e pensava que o cronograma de lançamento também deveria ser alterado. Então, por que estava anuindo e demonstrando concordância?

"Eu me odiei por me deixar levar pela maioria", confessou para mim mais tarde. "Mas como eu poderia ser o único a discordar de todo o grupo? Além disso, aquilo tudo não era de fato meu trabalho – era responsabilidade do vice-presidente da divisão."

O plano prosseguiu como descrito. Em última análise, surgiram vários problemas, incluindo um número que deveria ter sido considerado nos ajustes que o gerente assistente tinha em mente durante a reunião.

Disse a si mesmo que não era culpa dele. Afinal, ele era apenas um membro da equipe.

Em sua avaliação de desempenho de final de ano, ele recebeu notas boas, mas não brilhantes. Algumas das críticas focaram sua incapacidade de inovar, entender as necessidades do mercado e agregar valor a esse projeto específico de lançamento do produto. O avaliador demonstrou incerteza sobre se o gerente assistente poderia algum dia se tornar um gerente de produto de destaque.

O avaliado ficou, compreensivelmente, muito chateado e assustado com a avaliação. Durante a sessão, ele tentou se defender, detalhando alguns dos passos que poderiam ter sido diferentes no lançamento. O avaliador perguntou se ele havia expressado essas sugestões na época. Claro, ele teve de admitir que não. Sentiu um peso no coração quando percebeu que soava ridículo falar sobre todas as sugestões que poderia ter dado, mas que não tivera a coragem de apresentar.

Ele aprendeu uma traumática, mas valiosa lição: ficar calado não era tão seguro quanto pensava. Ele prometeu a si mesmo que, no futuro, iria se forçar muito mais para falar e discordar quando fosse o caso. Grandes empresas procuram desenvolver e promover pessoas que agem com responsabilização, o que exige a capacidade de pensar como um tomador de decisão e ter a coragem de falar quando for apropriado.

Tem certeza de que o trabalho não é para você?

Desenvolver convicções e agir de acordo com elas são os primeiros e mais importantes passos para agir com responsabilização – mas são apenas os primeiros. Você também precisa passar a acreditar que esse comportamento é parte central de seu trabalho.

Já conheci muitos profissionais que, ao longo dos anos, chegaram à conclusão de que lidar com questões organizacionais espinhosas não é para eles. Eles adotam essa postura de várias maneiras sutis. Por exemplo, dizem que não têm poder para tratar algumas questões importantes.

Decidem não olhar para o lado para tentar ajudar os outros. Fazem apenas aquilo pelo qual recebem o crédito pessoalmente. Afirmam que "problemas de funcionários" são da alçada dos recursos humanos ou de algum outro departamento ou funcionário. Apegam-se a mesquinhas rivalidades interdepartamentais, tratando os colegas de outros departamentos como adversários. Não retornam telefonemas ou se recusam a ajudar as pessoas em outras divisões, porque acreditam que sua avaliação e desempenho no trabalho dependem principalmente do que fazem para sua própria unidade de negócio ou departamento.

O que todas essas ações têm em comum? Prejudicam a eficiência da empresa e, ao mesmo tempo, limitam a descrição de cargo das pessoas que apresentam esse comportamento. Elas estão implicitamente supondo que a justiça não prevalecerá e que vale mais a pena pensar em si mesmo em primeiro lugar. O problema dessa atitude é que, quase sempre, você passa a ficar estigmatizado aos olhos dos colegas. Passa-se a comentar na empresa que você não tem postura de líder. Essa percepção danifica sua capacidade de atrair as pessoas para trabalhar com você, mina sua eficiência no trabalho e, finalmente, o impede de subir na hierarquia da empresa.

Você pode acreditar que esse comportamento o faz, de forma eficiente, concentrar sua energia no que é melhor para você, mas, na realidade, limita sua produtividade e seu impacto na organização. Você pode pensar que ninguém vai notar que age assim; afinal, ninguém parece observá-lo. No entanto, pela minha experiência, as pessoas *de fato* observam as outras, e os rumores começam a se espalhar. Com outras palavras, a justiça talvez não prevaleça em todos os momentos, mas quase sempre *prevalecerá* durante um longo período. A verdade, no final, sempre aparece.

Conheci vários talentosos profissionais que só descobrem isso depois de terem causado danos irreversíveis à sua reputação e carreira. Eles podem não perceber os estragos causados até receberem uma avaliação de desempenho ruim, serem preteridos para uma promoção ou perceber que perderam credibilidade e respeito dentro da organização.

O poder de uma mentalidade de responsabilização

Uma mentalidade de responsabilização é uma poderosa ferramenta para alcançar seu potencial. É um desafio, porque requer que você acredite que a justiça e a equidade prevalecerão. É uma transição que só você pode fazer. Se você for corajoso o suficiente para isso, aqui vão vários exemplos concretos de ações que poderá tomar:

- Ajudar os outros sem levar em conta de que forma poderá se beneficiar dessa ajuda. Isso significa considerar parte de sua função ajudar aqueles que o cercam a melhorar seu desempenho.
- Aprender a dar crédito aos outros, que requer ter confiança e superar as inseguranças que o fazem buscar os créditos para si mesmo. É necessário perceber que fazer os outros parecerem bons muitas vezes o ajuda a parecer bom também.
- Julgar suas ações com base no discernimento de se determinada ação pode ser benéfica também para a empresa, não apenas para você mesmo. Na maioria das boas empresas, esses dois aspectos tendem a ser congruentes.
- Fazer seu trabalho visando ao "degrau seguinte" da hierarquia, não ao "degrau abaixo". Isso significa definir seu trabalho de forma ampla para levar em consideração os desafios enfrentados por seu chefe.

Talvez soe excessivamente idealista, mas, acredite, não é. Já observei inúmeras situações em que essa mentalidade ajudou a transformar profissionais competentes em talentosos líderes, de valor inestimável. Da mesma forma, essa mentalidade fez empresas sólidas se transformarem em organizações extraordinárias, que mudaram o mundo. Pode ser difícil detectar esse ingrediente essencial por um olhar externo, porque ele não aparece nos relatórios financeiros e é difícil mensurá-lo concretamente. No entanto, os líderes inteligentes sabem que é vital. Muitas vezes, ele é citado nas discussões sobre a cultura de uma organização – importante diferencial nas empresas e nas carreiras.

Claro que você deve usar seu poder de julgamento para seguir esse conselho. Por exemplo, você pode não querer discordar de seu chefe em uma reunião. (Pode ser mais apropriado expressar seu ponto de vista em uma conversa individual entre vocês dois, após o término da reunião.) É justo. A despeito da tática que preferir usar, você deve explicitamente decidir que abordagem deseja utilizar no que se refere a agir com responsabilização.

Você está disposto? Incentivo-o a passar a defender seu ponto de vista e tomar decisões conscientes. Podem ser os ingredientes intangíveis que irão ajudá-lo a dar um passo adiante.

Agindo com um grau de afastamento quando os riscos aumentam

Vamos supor que você esteja disposto a agir com responsabilização. Para interiorizar essa atitude, é bom ser suficientemente calmo e autêntico para ser assertivo sem demonstrar hesitação ou medo.

Sei que é mais fácil falar que fazer. Sejamos francos: expressar suas opiniões, ajudar os outros sem buscar reconhecimento e definir seu trabalho de forma abrangente envolvem algum elemento de risco. As consequências de manifestar sua opinião podem ser desastrosas. As pessoas podem discordar de você ou até considerá-lo estúpido. Ou ainda podem questionar quem você pensa que é para dizer o que lhe vêm à cabeça.

Você pode não acreditar que os funcionários mais experientes realmente esperem por esse tipo de comportamento. Se, de fato, for isso o que querem, por que não pedir explicitamente aos demais funcionários para agirem assim? Por que a maioria das avaliações de desempenho tende a predominantemente refletir métricas quantitativas, como receita e outras conquistas numéricas? Por que seu chefe resiste ou até mesmo deixa de lhe fornecer coach sobre questões mais qualitativas?

A decisão de ser autêntico e assumir riscos requer coragem. Pode ser difícil sustentar esse tipo de atitude ao longo de uma carreira. Tenho consistentemente observado profissionais que, em início de carreira, eram eles mesmos no trabalho e que ativamente discordavam quando tinham um ponto de vista alternativo, não tinham medo de falar e estavam dispostos a questionar a autoridade de um superior se acreditassem que uma ação proposta não estava de acordo com os melhores interesses da empresa. Quase sem exceção, esses profissionais alcançaram cargos maiores dentro de suas empresas.

Então, em algum momento, algo estranho aconteceu. Esses profissionais obtinham sucesso e conseguiam guardar umas economias. Eles chegavam a patamares cada vez mais altos; tinham um trabalho de maior responsabilidade, lidavam com pessoas mais seniores e estavam envolvidos em decisões com consequências mais relevantes. Eles pararam, olharam em volta e perceberam que estavam em um nível mais alto e ficaram assustados. Como um time de futebol que deixa de jogar agressivamente quando está em grande vantagem, eles começaram a agir com cautela. Havia muito a perder.

O gerente de loja começa a jogar apenas para não perder

O gerente de uma grande loja de varejo de especialidades, de 39 anos, estava em uma encruzilhada. Ele ingressara na organização nove anos antes como gerente de mercadoria do carro-chefe da empresa, em uma grande cidade do Meio-Oeste dos Estados Unidos. Era um excelente comerciante e tinha talento para o desenvolvimento de tendências dos clientes. Era particularmente bom em assumir riscos calculados para recomendar mercadorias inovadoras que pudessem atender às emergentes demandas dos clientes. Orgulhava-se de não ter medo de manifestar sua opinião ou de levar seus superiores a assumir riscos com novas mercadorias e vendedores.

Suas ideias nem sempre davam certo, mas eram perspicazes o bastante para melhorar significativamente o desempenho da loja. Sentia-se uma estrela na empresa e constantemente reafirmava sua atitude de dar sua opinião, enquanto os outros se mantinham hesitantes. Ele comentou comigo: "Aprendi, neste trabalho, que o importante não é necessariamente estar certo, mas ter a coragem para tentar inovar e mostrar minhas opiniões. Nossa empresa precisava de alguém como eu para desempenhar esse papel, e minha abordagem encorajou outros funcionários a fazer o mesmo."

Quando o antigo gerente da loja assumiu um cargo maior na empresa, esse gerente de mercadorias teve a oportunidade de assumir a vaga e aproveitou a chance. Afinal, ser gerente da loja era seu sonho. Ele sentiu que a nova função se adequaria perfeitamente às suas habilidades e conhecimentos. Nos dois primeiros anos no trabalho, aprendeu muito, e a loja continuou a prosperar, apesar das oscilações da economia.

Ele veio ao meu escritório em uma de suas viagens a Boston e explicou que ainda gostava do trabalho, mas agora sentia que sua carreira tinha estagnado. Sua avaliação de desempenho de fim de ano fora boa, afirmou, mas não excepcional, como de costume. Ele já não se sentia a estrela da empresa.

"É um pouco estranho", comentou. "Tenho mais responsabilidades, meu salário é maior e tenho mais status na comunidade. Então, por que não me sinto melhor? Acho que me tornei algo que sempre rechacei – um gerente da loja complacente, que opta pela segurança. Agora que estou no comando, percebo que há mais a perder no caso de apostar em uma mercadoria errada. Eu me preocupo muito mais. Talvez tudo isso esteja relacionado com o fato de ter mais responsabilidade?"

Pedi para ele desenvolver mais seu comentário sobre "se preocupar muito mais".

"Bem", ele disse, "tenho mais trabalho, uma casa maior, e as pessoas têm expectativas mais altas em relação a mim. Há muito mais a perder". Ele explicou ainda que tinha se tornado mais avesso a risco de várias formas. Seguem alguns exemplos:

- Ele era mais cuidadoso em relação a correr riscos com escolhas de novas mercadorias.

- Ele não discordava mais tanto dos chefes. Agora lidava com o vice--presidente que liderava as operações da loja para toda a empresa. Ele até conversava regularmente com o CEO. Expressava grande "reverência" e admiração por esses altos executivos – seu status, experiência e pontos de vista.
- Ele começou a dedicar muito mais tempo para pensar no que poderia dar errado – a ponto de se sentir muito mais ansioso e pedir a seu médico uma receita de um ansiolítico. Ele me disse que vinha tomando o remédio havia um ano e também começara a se consultar com um psiquiatra para discutir algumas dessas preocupações.

Debatemos sua atual abordagem para poupar dinheiro. Ele explicou que, na verdade, guardava menos dinheiro agora que quando trabalhava menos. "Escute", disse ele, "preciso parecer e agir como um executivo bem-sucedido. Minha esposa realmente me incentiva a gastar menos. Mas de que vale todo esse árduo trabalho se não posso melhorar consideravelmente nosso estilo de vida? Entrei para o Country Club, apesar de não jogar golfe, mas percebi que talvez seja a hora de aprender".

Perguntei se ele ainda amava o negócio. Ele concordou. Falamos sobre as habilidades requeridas do trabalho de um gerente de loja e avaliamos como seu desenvolvimento de habilidades se adequava às necessidades do trabalho. Parecia-me que este papel se encaixava muito bem a ele.

Ponderei que talvez ele houvesse mudado de mentalidade. Notei também que parecia ter havido uma drástica mudança na sua abordagem com relação à carreira: "Há cinco anos, você demonstrava zelo e entusiasmo. Você sabia que nem sempre tudo corria bem, mas a desvantagem era administrável. Agora, parece que você tem medo. Você está pensando mais no medo de fracassar que no que fará para ser bem-sucedido. A pergunta é: *Por quê*? Você está impondo tanta pressão sobre si mesmo com relação a despesas e aspirações para parecer bem--sucedido para a comunidade, que está minando suas consideráveis habilidades profissionais?"

"Não é o fim de sua carreira", continuei. "Na verdade, você poderia ter um grande futuro pela frente. A verdadeira questão é: Por que não está agindo da maneira correta?"

Ele se manteve em silêncio e escutou. Sugeri que anotasse tudo o que o preocupava e o encorajei a rever a lista e determinar quais dessas preocupações estavam relacionadas com o que os outros pensavam, com suas próprias preocupações sobre sua imagem e com outros fatores extrínsecos. Sugeri ainda que escrevesse como esses fatores que o preocupavam vinham impactando seu comportamento no trabalho. Ele ainda se empenhava em demonstrar convicção, falar o que pensava, assumir riscos apropriados e agir com certo grau de afastamento? "Talvez você esteja segurando o taco com muita força", sugeri, fazendo uma analogia ao beisebol. "É difícil balançar o taco e rebater a bola se você o está segurando como se fosse sua própria vida."

Todos nós somos suscetíveis a esse tipo de armadilha. Gostamos de obter sucesso. Por isso, começamos a nos preocupar com o que poderia dar errado e a ficar obcecados em perder o que temos. Paramos de tomar muitas das atitudes que nos ajudaram a chegar onde estamos.

Meu conselho, novamente, é agir com algum grau de afastamento. É ótimo amar seu trabalho, mas não é tão bom estar cegamente apaixonado por ele. É inteligente gerenciar riscos, agir de forma adequada e digna e traçar estratégias. Por outro lado, você não deve ser tão cuidadoso a ponto de deixar de manifestar suas opiniões, discordar, quando for o caso, assumir riscos calculados e deixar seus talentos naturais virem à tona. Você não pode agir naturalmente e permitir que seus instintos e talentos aflorem se estiver com medo. O medo leva as pessoas a inconscientemente sabotar suas próprias carreiras.

Organizar a vida de forma mais eficaz pode ajudar a reduzir a probabilidade de cair nessa armadilha. Poupe dinheiro. Não deixe seu ego aflorar demais. Se você começar a sentir que precisa desempenhar o papel do grande cara bem-sucedido, lembre-se de que isso pode demandar mais energia que o próprio trabalho.

Conforme avança carreira, você precisa agir mais com mais responsabilização. À medida que se torna mais experiente, suas opiniões e instintos melhoram em qualidade e, portanto, são mais importantes para a empresa. Você tem mais a contribuir. Tenha cuidado para não demonstrar um desempenho aquém do seu potencial – e conter suas contribuições –, ao deixar o medo da perda prevalecer.

Valores, limites e a sua filosofia

Há um último elemento crítico referente à personalidade e liderança. Trata-se de antecipadamente considerar seus limites de ética e de valores. A combinação desse pensamento com a experiência real pode ajudar a desenvolver uma filosofia que sirva de roteiro para orientar sua carreira e sua vida.[2]

Valores

Valores guiam nossas vidas, nossas ações e moldam quem somos. Exemplos de valores incluem suas crenças em relação aos seguintes aspectos:

- Trabalho árduo.
- Importância da família.
- Importância do fair play.
- Trabalho em equipe.
- Ajuda aos menos afortunados.
- Contribuição para o bem maior.

Você provavelmente poderá pensar em vários exemplos adicionais. Eles são um produto de suas experiências familiares, educacionais, religiosas e dos vários modelos de sua vida. Seus valores evoluem ao longo do tempo, como resultado de seu contínuo aprendizado e experiência.

Incentivo-o a escrever seus valores e a se conscientizar em relação a eles. Não há respostas certas, mas ganhar maior consciência de seus valores moldará a forma como você conduzirá sua carreira e vida e suas escolhas sobre a que tipo de pessoa decidirá se associar, além de ajudá-lo a reconhecer aquelas a quem não deseja se unir, porque não compartilham de seus valores.

No meu caso, meus valores tiveram forte impacto sobre minha escolha profissional, sobre o que escolhi deixar de fazer profissionalmente e sobre minhas decisões-chave em relação ao trabalho sem fins lucrativos. Por exemplo, como mencionado anteriormente, me envolvi no Projeto A.L.S. porque vi uma oportunidade única para ajudar a encontrar um tratamento para essa horrível doença. Eu queria ajudar a prevenir o sofrimento das pessoas.

A consciência de meus valores também tem impactado fundamentalmente minha escolha de amigos e outros associados próximos. Eu sabia como queria me comportar e como queria que meus subordinados e colegas se comportassem. Por exemplo, sempre pedi que meus subordinados se colocassem no lugar dos clientes e dessem conselhos que visassem aos interesses dos clientes em primeiro lugar. Essa filosofia me ajudou a me olhar no espelho todos os dias e conviver bem com minhas escolhas, mesmo que fossem diferentes das feitas por aqueles que me rodeiam.

Claro, cometi erros. Você também os cometerá e terá de fazer escolhas difíceis. Anote seus valores e mantenha um diário regular de seus pensamentos, que irá ajudá-lo a tomar decisões e melhorar sua eficácia.

Limites

Os limites podem ser um pouco mais fáceis de serem estabelecidos que os valores. De forma simplificada, são as fronteiras éticas que você promete a si mesmo, com antecedência, que não vai ultrapassar.

O ato de escrever seus limites lhe dá uma bússola mais clara para gerenciar o que está fazendo, com quem está fazendo e para onde está indo.

Aqui estão alguns exemplos de limites:

- Não vou matar.
- Não vou mentir.
- Não vou enganar.
- Não vou roubar.

Qual é o objetivo de definir limites? Pela minha experiência, você inevitavelmente se verá em uma situação na qual se sinta pressionado a ultrapassar uma fronteira ou violar uma de suas crenças básicas. Isso pode acontecer por uma variedade de razões. Você pode querer agradar um cliente intimidador, seu chefe pode pressioná-lo para ultrapassar uma fronteira ou um colega pode tentar convencê-lo de que o limite imposto por você não faz sentido. Talvez eles digam que se trata de uma prática comum, e você tenha medo de ficar para trás. Talvez você tenha cometido um erro terrível, se sinta envergonhado e queira encobri-lo, porque não consegue admitir o que fez. Talvez você não saiba como lidar com uma situação e – em vez de abordá-la de forma direta – decide que seria mais fácil mentir.

A questão é que, quando você está sob esse tipo de estresse, é tarde demais para começar a descobrir quais são suas crenças. Você precisa considerar esses pontos com antecedência para ter a presença de espírito de parar ou recuar. Se você não tiver previamente estabelecido seus limites, é muito mais provável que tome uma decisão da qual se arrependerá mais tarde. Você perceberá, após o fato, que cometeu um terrível erro e que é totalmente responsável pelo que fez.

Por que mentimos?

Há anos venho ministrando aulas para executivos, nas quais discutimos explicitamente essas questões. Normalmente, pergunto quantos deles têm um limite ético em relação à mentira. A maioria, mas não todos, levanta a mão. Então, pergunto quantos já mentiram. Todos (incluindo eu) levantam a mão. Em seguida, discutimos o assunto; em particular, as razões pelas quais as pessoas mentem. Em geral, os motivos preenchem um quadro inteiro:

- Não queria ofender a outra pessoa.
- Era uma questão menor.
- Eu estava com medo.
- Eu estava com medo que a outra pessoa ficasse com raiva de mim.
- Eu estava com medo de que não comprassem o produto, se eu dissesse a verdade.
- Eu estava ansioso e, no calor do momento, menti.
- Estava oprimido pelo tempo.
- Deixei-me levar pela insegurança.
- A ambição tomou conta de mim.
- Eu disse a eles o que pensava que queriam ouvir.

Muitos executivos reportaram que uma compreensão mais profunda das razões que os levam a mentir os ajudou a se preparar para a próxima situação difícil que encontraram. Eles acabaram conseguindo parar e pensar com mais cuidado sobre suas ações. Compreender melhor esses motivos os ajuda a evitar cruzar as fronteiras que não desejam cruzar.

Por que escrever seus valores e limites?

Explico por que enfatizo tanto essa questão. A dura realidade é: você poderia seguir todos os conselhos e fazer todo o difícil trabalho descrito neste livro e, ainda assim, desviar do rumo. Uma das principais razões é que você pode cometer o tipo de erro catastrófico que acaba com sua reputação ou até mesmo toda sua carreira. Não conseguir gerar receita, ganhar uma promoção ou cometer um erro honesto não vão arruinar sua carreira. Um erro ético, em contrapartida, pode ser fatal.

Em última análise, você não pode escapar do fato de ser responsável por suas ações. Alegar que estava cumprindo ordens não vai eximi-lo da responsabilidade.

Para reforçar o que afirmei antes, inevitavelmente, você se encontrará em uma situação difícil quando se sentir pressionado. Talvez não tenha tempo para ponderar todos os prós e contras. Você pode ser pressionado por terceiros, se sentir muito inseguro, se deixar levar pela maioria ou sentir que não tem escolha. Nesse momento, se não tiver antecipadamente pensado sobre seus valores, limites e crenças, será tarde demais. Você será levado – quer pelos outros ou por seus próprios medos. Nesse momento, você pode tomar uma decisão da qual se arrependa para o resto da vida. É assim que acontece – em um piscar de olhos.

Se você tiver previamente ponderado sobre quem você é e no que acredita, estará mais propenso a ter a força necessária para fazer uma pausa, recuar, questionar, pedir conselhos de terceiros e – muito provavelmente – tomar uma decisão muito melhor. Ponderar esses aspectos com antecedência não vai determinar que decisão você deve tomar, mas o tornará mais consciente de que está prestes a cruzar a fronteira. Essa tomada de consciência, por sua vez, o ajudará a tomar as medidas adequadas para fazer o julgamento correto.

Feliz ou infelizmente, esse tipo de situação inexoravelmente surgirá. Em um delicado ambiente econômico, é provável que ocorra com mais frequência. É muito mais fácil lidar com as decisões que dizem respeito às suas responsabilidades econômicas, jurídicas e éticas quando sua empresa está crescendo e gerando lucro. Fazer escolhas entre essas opções mutuamente excludentes será muito mais difícil quando o cenário econômico for delicado e seu negócio estiver lutando para sobreviver.

Você pode estar imune até certo ponto, por ter previamente considerado esses pontos. Conforme discutido no Capítulo 4, esse planejamento também ajuda a entender quem você é. Como verá no próximo capítulo, também pode ser útil criar um grupo de apoio para ajudá-lo a refletir sobre essas questões-chave.

Personalidade e liderança

Depois de ter trabalhado as questões discutidas nos primeiros capítulos deste livro, os aspectos referentes à personalidade e liderança o ajudarão a melhorar seu desempenho. Acredito fortemente serem esses os ingredientes intangíveis que fazem a diferença entre ser bom e ser ótimo. Pense nos grandes atletas, músicos, líderes empresariais, líderes do governo e assim por diante. Eles são realmente os únicos com talento natural? Ou será que trazem para o trabalho uma qualidade intangível que os ajuda a reunir suas habilidades e paixões para atingir um desempenho superior?

Personalidade e liderança são ingredientes-chave que o levam a um nível superior em qualquer empreendimento. Considere se seus talentos, suas paixões e sua abordagem em relação ao trabalho são suficientes. Concentre-se em perceber se sua personalidade e liderança precisam ser aprimoradas, caso queira atingir seu verdadeiro potencial.

Ações sugeridas para follow-up

- Pense em uma pessoa a qual você tenha em alta estima, como modelo. Anote os elementos de seu comportamento que você respeita. Quais deles estão relacionados com habilidades e quais dizem respeito à personalidade e aos traços de liderança? Dê a si mesmo uma nota para até que ponto você tem o mesmo tipo de comportamento. Escreva os fatores que o impedem e os que o ajudam a agir dessa maneira.
- Anote as três mudanças mais profundas que você gostaria de ver em sua equipe de projeto, unidade de negócios ou empresa. Se estivesse no comando, que ações específicas você tomaria para implementar essas mudanças? Você já expressou alguma dessas sugestões para seu chefe de forma construtiva?
- Pense sobre o que o impede de dar sua opinião no trabalho. Anote esses impedimentos e os discuta com amigos e pessoas próximas.
- Anote seus valores e os limites éticos que você promete a si mesmo não ultrapassar. Discuta-os com amigos e pessoas próximas.

CAPÍTULO 7

A importância dos relacionamentos

É impossível conseguir sozinho

- Você tem um pequeno grupo de pessoas que se importa o suficiente com você para lhe dizer verdades que você precisa ouvir, mesmo que não queira?
- Você cultiva amizades com pessoas com quem possa discutir suas necessidades de diferentes tipos de apoio?
- Você fornece apoio e conselho aos outros?
- Seus relacionamentos evoluem ao longo do tempo, à medida que sua carreira e vida mudam?

Você será muito mais capaz de seguir as orientações deste livro se conseguir desenvolver relações mutuamente benéficas. Um dos maiores impedimentos para alcançar seu potencial é o isolamento. Não é a inabilidade ou o azar que o impede, mas o fato de se isolar e, consequentemente, perder perspectiva. Na circunstância de isolamento, você não se vê de forma objetiva, seus pontos cegos aumentam e você passa a tomar decisões ruins porque não consegue avaliar a situação com clareza. Todos estamos suscetíveis a nos isolarmos em um canto e a enxergar o mundo (e a nós mesmos) de forma distorcida. Os relacionamentos nos ajudam a evitar essa situação.

Você pode achar que nunca foi tão fácil construir relacionamentos. Atualmente, temos uma geração inteira conectada, de uma infinidade de formas: centenas de amigos no Facebook, muitos seguidores no Twitter e numerosas associações profissionais no LinkedIn. Fala sério, você deve receber dezenas ou mesmo centenas de mensagens de texto e e-mails por dia. Você não tem qualquer problema de se conectar e interagir com as pessoas. No mínimo, você já se perdeu em meio a tantas opções.

No entanto, esses tipos de indicadores de relacionamento podem ser altamente enganosos. Estar conectado não é o mesmo que ter relacionamentos verdadeiros, aos quais você possa recorrer em momentos de necessidade. Você deve poder se sentar com uma ou duas pessoas com quem possa conversar aberta e honestamente sobre questões relevantes.

À beira de um lapso ético

Um ex-aluno meu tinha recém-casado e estava iniciando um excelente trabalho em outra cidade. Na escola, fora um aluno brilhante e era o líder entre os colegas. Ele estava em Boston para liderar um processo de seleção da empresa e veio ao meu escritório me fazer uma visita.

Depois que pusemos a conversa em dia por alguns minutos, houve um incômodo silêncio. Perguntei a ele se estava tudo bem.

Ele respondeu: “Ótimo, ótimo. A vida não poderia estar melhor.” Em seguida, lançou uma hipotética pergunta sobre o que deveria fazer, se, por acaso, viesse a enfrentar um dilema ético em algum momento no futuro.

Pressionei-o para que me dissesse o motivo da pergunta. "No que, de fato, você está pensando? O que está acontecendo?"

Seus olhos ficaram marejados, e as lágrimas surgiram. Ele começou a se desculpar por estar tão sensível e disse que só queria me fazer uma rápida visita e se inteirar das novidades e do que eu vinha fazendo. Não sabia exatamente por que estava ficando angustiado.

"Não precisa se desculpar", respondi. "Você pode falar sobre o que quiser nesta sala. Sem pressão, mas se quiser me dizer o que está acontecendo, sou todo ouvidos. Vou gostar de poder ajudar."

"É uma longa história." Ele começou a me contar sobre a difícil situação na qual tinha se envolvido no trabalho. Ele havia sido fortemente incentivado pelo chefe a tomar uma ação que, tecnicamente, não era ilegal, mas certamente não estava de acordo com seus próprios valores e limites éticos. Ele ainda não a tinha tomado, mas estava a ponto de fazê-lo. O chefe também o encorajara a manter sigilo a respeito do assunto na empresa.

Como já testemunhara esse tipo de situação antes, perguntei: "Com quem você já discutiu a questão?"

"Com ninguém", respondeu ele.

"Nem mesmo sua esposa, seus pais, familiares ou amigos?", insisti. "Você literalmente não falou para *ninguém*? Por quê?"

Ele explicou que se sentia extremamente envergonhado com aquela situação. Não contara à esposa porque não achava que ela entenderia e não queria preocupá-la. Ele tinha um casal de amigos próximo, mas achava que tampouco eles entenderiam. Definitivamente, seus pais, menos ainda. Ele tinha proximidade com algumas pessoas da igreja de sua cidade natal, mas não tentou conversar com elas, porque achava que não entenderiam seu negócio ou não compreenderiam como era trabalhar para aquela empresa.

Ele estava sozinho e isolado. Não tivera a intenção de tocar no assunto comigo, mas, como estava na minha sala, acabou me contando a história. Passamos uma hora discutindo a questão, e, juntos, desenvolvemos um plano de ação em potencial. Ele ainda não estava a ponto de arriscar sua carreira, mas, se concordasse em fazer o que o chefe pedira, poderia causar danos irreparáveis a si mesmo e à sua vida profissional.

Chegou à minha sala se sentindo encurralado e acreditando que não havia alternativa viável. Agora, depois de discutir o problema, percebeu que tinha várias opções. Ele poderia falar com o chefe (e dissuadi-lo da ideia), conversar com funcionários mais experientes da empresa ou pedir demissão. A despeito da decisão que tomasse, percebeu que teria de manter as rédeas da situação. Ele também se deu conta de que era provável que esse tipo de situação voltasse a ocorrer no futuro e que teria de aprender a lidar com ela para que não se tornasse uma ameaça para sua carreira, sua reputação e seu bem-estar geral. No final de nosso encontro, discutimos a necessidade de ele aprender a conversar sobre esses assuntos com os outros (possivelmente sua esposa, amigos, colegas e pessoas mais próximas), para evitar perder a perspectiva em relação a qualquer circunstância.

Essa história é muito comum. Funcionários de todos os níveis hierárquicos, de todas as carreiras e posições sociais e profissionais, muitas vezes se sentem sozinhos e isolados. É difícil para eles reconhecer que pode haver alternativas viáveis. Uma pessoa que olhe o cenário com certo grau de distanciamento pode ajudá-los a se afastar emocionalmente da situação para que percebam que não estão encurralados.

Por que as pessoas não pedem ajuda ou conselhos com mais frequência? Muitas vezes, acreditam que ninguém vai entender o que estão passando. Elas não querem incomodar os amigos e a família com questões que parecem bobas. Sentem vergonha de discutir o que estão sentindo ou admitir que estão com medo. Esse isolamento, muitas vezes, as leva a tomar decisões erradas, a perder oportunidades e a ter baixo desempenho. Carreiras promissoras são arruinadas, e um valioso potencial é desperdiçado.

O objetivo deste capítulo é discutir como construir relações que possam ajudá-lo a romper o isolamento. Analisaremos os tipos de apoio e aconselhamento de terceiros, dos quais você provavelmente vai precisar, bem como os tipos de pessoas que você deve buscar para integrar seu grupo de apoio. O capítulo também abrange os obstáculos que você deve superar para desenvolver esses tipos de relacionamentos.

Sugiro alguns exercícios que podem ajudá-lo nesse esforço. Por fim, o capítulo analisa a necessidade de atualizar e evoluir essa prática ao longo do tempo – à medida que você muda, as circunstâncias mudam, e o mundo, também.

O que é um relacionamento?

Em muitos casos, quando discutimos "relacionamentos", pensamos em relações amorosas. Você pode associar relações a vínculos emocionais profundos ou, pelo menos, a algum nível de afeto. Talvez pense que um relacionamento esteja mais associado aos sentimentos que ao intelecto.

Se você for um profissional de negócios experiente, a palavra "relacionamento" pode invocar imagens de clientes ou consumidores – talvez o correntista, que há 20 anos mantém uma conta no banco para o qual você trabalha, ou o senhor que regularmente compra material de construção na sua loja para realizar pequenos reparos domésticos. No meu bairro, em Nova York, penso nas pessoas que trabalham no restaurante da esquina de minha casa, que sabem exatamente o que vou pedir antes mesmo de me sentar.

Sim, todas essas situações ilustram tipos de relacionamentos. No entanto, neste capítulo, uso esse termo de forma um pouco mais técnica. Aprendi que um relacionamento proveitoso exige três fatores: compreensão, confiança e respeito mútuos. Construir esse tipo de relação provavelmente exigirá tempo, interação pessoal e trabalho árduo, além de uma combinação de investigação, autoexposição e franqueza.

Com essa definição em mente, faça uma lista de seus relacionamentos que contenham esses atributos. Se você for como a maioria das pessoas, poderá se surpreender com a descoberta de quem entrará ou não na lista.

Por que algumas pessoas não estão aptas a fazer parte de sua lista? Talvez você não confie nelas, talvez sejam indiscretas ou até mesmo, quem sabe, você não se disponha a se confidenciar com elas. Talvez você não entenda a pessoa ou até consiga compreendê-la, mas não a respeite.

Por outro lado, você pode se espantar ao perceber que tem esse tipo de relacionamento com pessoas pelas quais não sente qualquer afeto. Talvez você julgue que o vínculo emocional ou a afeição devam necessariamente estar presentes nas relações, mas não é verdade. Faça a seguinte pergunta a si mesmo: Você prefere gostar de seu chefe ou entender, respeitar e confiar nele?

Como construir relacionamentos com essas características – compreensão, confiança e respeito mútuos? Sugiro o seguinte:

- **Autoexposição.** Compartilhe com a pessoa informações sobre si mesmo que vão ajudá-la a fundamentalmente entendê-lo melhor.[1]
- **Investigação.** Faça perguntas sobre a outra pessoa que o ajudem a compreendê-la melhor.
- **Pedido de conselho.** Disponha-se a pedir conselhos construtivos sobre questões relevantes para você (e prepare-se também para aconselhar a outra pessoa). Mais particularmente, esteja aberto a buscar conselhos sobre como abordar determinado aspecto que lhe traga insegurança.

"O rei de Roma ruma a Madri"*

O CEO de uma pequena empresa de Madri veio me visitar. Ele havia se matriculado em um programa de educação executiva da HBS e queria discutir seu estilo de liderança. Reclamou que sempre era o último a ser informado de más notícias, quando já era tarde demais. "Meu

* *Nota da Tradutora*: Famosa frase do musical da Broadway *My Fair Lady*, de Bernard Shaw, utilizada pelo professor de fonética Dr. Higgins para ensinar à humilde vendedora de flores, Eliza Doolittle, a pronunciar as palavras como as damas da sociedade da época.

Devido ao sucesso do musical, montado em diferentes países, a frase "The rain in Spain stays mainly in the plain" foi traduzida para vários idiomas. Em português do Brasil, a tradução foi "O rei de Roma ruma a Madri"; em português de Portugal, "Atrás do trem as tropas vêm trotando."

pessoal só me traz os problemas quando já não há mais como resolvê-los", explicou. "Continuamente repito que eles precisam me inteirar das situações mais cedo, mas ainda esperam tempo demais. O que faço? Será que as pessoas que integram minha equipe não são adequadas para trabalhar comigo?"

Indaguei como era seu relacionamento com seus subordinados diretos, e ele afirmou que era muito sólido.

"No entanto, sua equipe evita levar problemas para você?" perguntei.

"Bem, sim, evitam", reconheceu. "Mas não quer dizer que não temos um bom relacionamento. Gosto muito de todos eles, e acredito que também gostem de mim."

"Eles conhecem sua esposa e sua família?", perguntei.

Ele respondeu que não, principalmente porque ainda não houvera um evento da empresa que gerasse a oportunidade.

Perguntei se eles sabiam sobre seu passado, formação, interesses e assim por diante.

"Não tenho certeza", respondeu. "É *necessário*?"

"Sim, pode fazer grande diferença", afirmei. Em seguida, perguntei: "O que eles sabem sobre você que poderia ajudá-los a entendê-lo melhor? Será que sabem quantos filhos você tem? Será que conhecem seus gostos e interesses? Eles sabem do que você não gosta ou o que lhe tira o sono à noite?"

Ele parou e pensou por alguns minutos. "Não, não acho que já tenha tido esse tipo de conversa com eles. Acredita que seria uma boa ideia?"

Antes de responder, perguntei se ele alguma vez já havia pedido seus conselhos sobre questões que o preocupavam.

Novamente, ele parou para pensar. "Não", finalmente concluiu: "Em geral, não procuro seus conselhos. Primeiro decido o que devemos fazer e lhes comunico minha conclusão. Às vezes, até chego a pedir conselhos táticos sobre como deveríamos executar uma ou outra estratégia – é isso que você quer dizer?"

Sugeri que sua função seria muito mais fácil se ele tivesse um relacionamento melhor com seus funcionários.

"Acho que não sei ao certo o que você quer dizer com o termo 'relacionamento'", afirmou, "porque sempre pensei que a relação entre mim e a equipe fosse ótima".

"Por que você acha que sua equipe dividiria um problema com você se você sequer se dispõe a revelar informações básicas a seu respeito", questionei.

Não é fácil trazer más notícias para o chefe – é preciso conhecê-lo e confiar nele –, sobretudo quando ele ainda sequer tomou as ações mais básicas para desenvolver esse tipo de mútuo conhecimento. Se o chefe não confia na equipe o suficiente para revelar alguns aspectos de sua vida, partilhar suas preocupações mais profundas e pedir conselhos sobre questões relevantes, por que ele deveria esperar que a equipe confiasse nele o suficiente para lhe trazer problemas com antecedência?

Ele absorveu meus argumentos por alguns minutos. Jamais pensara sobre relacionamentos dessa maneira. Ele me agradeceu pelo tempo dispensado e saiu da sala. Não tive mais notícias, até receber um e-mail, oito meses depois. "É provável que não se lembre dos detalhes de nossa conversa em seu escritório", escreveu. "Você me deu excelentes conselhos, e resolvi segui-los. Fizeram enorme diferença na empresa e em meu desempenho. Só queria lhe dizer muito obrigado."

É claro que me encantei com a mensagem, mas não contei essa história para me vangloriar. O que quero demonstrar é como alguns simples passos na construção de relacionamentos podem ajudá-lo a melhorar seu desempenho no trabalho.

Desenvolva os músculos dos relacionamentos

Se você não acredita em mim – ou mesmo se acredita –, tente o seguinte exercício. É bem simples, levará cerca de 15 minutos, e você vai precisar fazê-lo em dupla, com uma pessoa de sua escolha.

Passo 1. Anote algo fundamental sobre si mesmo e que a outra pessoa não saiba. Essa informação deve ajudá-la a compreendê-lo melhor. Em seguida, ela deve fazer o mesmo.

Passo 2. Compartilhem suas anotações.

Passo 3. Escreva uma pergunta que, se respondida, o ajudaria a compreender melhor a outra pessoa.

Passo 4. Façam as perguntas e deem as respostas, um por vez. Não interrompam o outro.

Passo 5. Anote uma área de preocupação ou insegurança, por exemplo: "Não sou muito bom em ____________________."

Passo 6. Exponha as inseguranças e preocupações que anotou e peça conselhos sobre como abordar essas questões. A outra pessoa deve, por sua vez, fazer o mesmo com você.

O que você aprendeu ao realizar esses passos? Já fiz esse exercício com milhares de estudantes e executivos. Em princípio, antes de começar, eles achavam que parecia uma bobagem. No fim, 15 minutos depois, reconheceram o poder desses simples passos. Mesmo em um grupo de experientes executivos, que se conhecem há muitos anos, as pessoas costumam comentar: "É a melhor conversa que já tive com essa pessoa. Agora consigo compreendê-la muito melhor. Gostaria de ter feito esse exercício há tempos."

Pense em seus relacionamentos e em quantas vezes dedicou tempo e energia para executar esses passos visando à construção deles. Tente incorporar essa disciplina a suas relações pessoais e profissionais.

O meio de comunicação faz diferença

Outro elemento-chave que você deve considerar é a escolha da forma e do ambiente para se comunicar. É provável que essas escolhas exerçam crítico impacto sobre sua capacidade de construir relacionamentos.

É muito mais proveitoso ter certos tipos de conversas pessoalmente, não por telefone. Quando estamos frente a frente, podemos ver as expressões faciais e a linguagem corporal do interlocutor (e ele pode observar as nossas). Para relações importantes e quando se tratar de uma conversa delicada, a interação presencial é muito menos arriscada que por telefone. Descobri que, ocasionalmente, uma discussão por telefone pode acabar muito mal, mas pode ter um ótimo resultado se for presencial.

Além disso, aprendi o poder da comunicação individualizada em comparação a discussões em grupo. Por exemplo, se eu quiser receber feedback direto (ou dar feedback direto), é melhor fazê-lo pessoalmente e de forma individualizada. Ninguém quer dar ou receber críticas na frente de terceiros – e você pode facilmente prejudicar uma relação por não estar diante do interlocutor ao discutir um assunto delicado.

Existem inúmeras novas opções para comunicar uma mensagem – por exemplo, e-mail, mensagens de texto e telefone celular, além das opções tradicionais. Muitas vezes, vejo as pessoas fazerem escolhas erradas sobre qual dessas formas usar e, como resultado, prejudicarem as relações profissionais.

Lutando com relacionamento com clientes

Recentemente, me reuni com um vendedor que praticamente só se comunicava por e-mail. Ele se lamentava da dificuldade de se aproximar de potenciais clientes e colegas. Depois de analisar seu padrão de comunicação, percebeu que usava excessivamente o e-mail e que esse tipo de comunicação é mais adequado para mensagens simples, atualizações e postagens, mas pode ser totalmente inadequado para a comunicação de ideias complexas ou nuances.

Por exemplo, usar humor, ironia ou sarcasmo em e-mails pode ser perigoso. O vendedor me contou uma história em que inadvertidamente ofendeu um de seus importantes clientes, que mal interpretara seu bem-intencionado esforço para ser engraçado por e-mail.

Ele percebeu que, para ser claramente entendido, era preciso que os clientes pudessem observar seus sinais verbais e sua linguagem corporal. Era tão importante quanto ter a oportunidade de observá-los. Ele entendeu que o uso de e-mail em uma situação que peça outro tipo de comunicação pode levar a graves mal-entendidos.

Pense se um telefonema seria mais eficaz que um e-mail; considere ligar para o telefone fixo antes de usar o celular; avalie se não é melhor convocar uma reunião presencial para privilegiar o bom entendimento mútuo; e busque um ambiente confortável, silencioso e confidencial se a conversa for realmente delicada. Claro que, em todos os casos, você também deve pensar em agendar a reunião com antecedência e escolher um ambiente que permita concentração para que a conversa flua sem interrupções.

Pense sobre essas escolhas antes de ter uma conversa que considere essencial para o início, a construção ou a manutenção de um importante relacionamento. A escolha consistente de meios de comunicação errados pode sabotar sua capacidade de desenvolver relações fortes.

Ganhando consciência sobre suas necessidades de apoio

Cada pessoa tem várias necessidades no que diz respeito a relacionamentos. Elas variam de acordo com o tempo, a situação e a circunstância. Somos únicos nesse sentido. Descobrir suas necessidades requer que você entenda a si mesmo e também os tipos de interações que podem ajudá-lo a ganhar clareza sobre certas questões que você enfrenta. Comece fazendo uma lista de suas diversas necessidades. Vou compartilhar algumas das minhas:

- Amor.
- Validação.
- Incentivo.
- Apreço e reforço positivo.
- Aconselhamento.
- Crítica construtiva e coaching.
- Fé e esperança no que não se pode ver (pode ser tão simples quanto ajudar você a sentir que tudo, no fim, vai ficar bem).
- Estimulação intelectual.

A maioria de nós (inclusive eu) nunca tem tempo para listar nossas necessidades. Em determinadas situações e momentos, nos sentimos péssimos, mas não sabemos exatamente por quê. Podemos ter consciência de que temos necessidades – emocionais ou não – que exigem atenção, mas realmente não damos muita importância ou pensamos nelas com frequência.

Depois que fizer a lista, você poderá se surpreender com o resultado. Esteja ciente de que pode haver variações, de acordo com o que está acontecendo com você no momento. Por exemplo, se estiver doente, é provável que tenha certos tipos de necessidades de relacionamento – talvez solidariedade e atenção –, pelo menos até que se sinta melhor. Em uma crise econômica, você pode ter outras necessidades – talvez validação e conselhos sobre como atravessar esse difícil período.

Tente incluir um pouco de rigor analítico no que se refere a essas questões. Faça uma rápida verificação e identifique o que pode o estar incomodando. Um caso clássico é quando você passa a se sentir insatisfeito com o trabalho e começa a pensar em pedir demissão. Volte à sua lista de necessidades e verifique quais delas não estão sendo atendidas.

Acho que vou pedir demissão

Recentemente, fui abordado por uma amiga que começara um empreendimento empresarial com uma sócia. As duas haviam construído um excelente negócio de varejo ao longo de cinco anos e tinham boa reputação e muitos adeptos no sul da Califórnia. Agora, minha amiga estava pensando em desistir do negócio e cogitara a possibilidade de voltar a estudar e cursar uma especialização. Fiquei surpreso, porque a conhecia profissionalmente e sempre acreditei que ela amava seu trabalho. Em particular, tinha talento para moda e design. Ela havia trabalhado muitos anos para enfim poder realizar esse negócio e finalmente parecia estar prosperando – ou assim eu pensava.

Ela me perguntou o que eu achava de seu plano. Respondi que ficara chocado ao ouvir que ela pensava em desistir do negócio. Quando perguntei qual especialização faria, ela respondeu que ainda não tinha se decidido, mas citou uma ou duas áreas de interesse. Também comentou que o marido a apoiava em suas decisões.

"O que aconteceu?", perguntei. "Pensei que você amava o trabalho e que tudo ia muito bem."

Ela se surpreendeu com o fato de *eu* ter ficado surpreso.

Usei outra abordagem. "Certo", eu disse, "se você pudesse fazer o que quisesse, qualquer coisa, o que seria?"

Ela pensou por um minuto e então sorriu. "Bem, minha resposta instintiva seria o que estou fazendo agora, meu negócio atual."

"Então, o que está acontecendo?"

Ela pensou mais um pouco e, em seguida, começou a falar sobre o relacionamento com a sócia no empreendimento. Elas cada vez mais discordavam com relação às decisões-chave. Como resultado, o trabalho se tornava cada vez mais estressante. Ela começou a ter medo de ir para o trabalho. Além disso, por conta de oscilações econômicas, foram obrigadas a fazer difíceis escolhas e, devido à tensa relação, a situação ficava cada dia mais difícil. "Preciso de harmonia e tranquilidade", explicou ela. "Não suporto o conflito. Além disso, se decidir fazer algo, não quero que me digam que não posso. Quero alguém que converse e trabalhe comigo de forma construtiva. Não estou recebendo o que preciso dessa relação; provavelmente é por isso que penso em desistir."

"Você conseguiria, de alguma forma, discutir todos esses pontos com sua sócia?" perguntei.

Ela admitiu que não havia conversado com ela. Eram grandes amigas havia 20 anos; portanto, presumiam que sabiam o que a outra estava pensando. Assim, não dedicaram um tempo para dar um passo atrás e se familiarizar ao novo contexto.

Ofereci meu mais simples conselho: "Antes de acabar com tudo o que você construiu – o qual ainda parece amar – tente trabalhar no relacionamento com sua sócia." Descrevi o processo de autoexposição e sugeri que ela o experimentasse. "Então, pergunte a ela o que está pensando e sentindo e troquem dicas de como lidar melhor uma com a outra."

Recebi notícias após algumas semanas. Elas haviam tido excelentes conversas, das quais usufruíram plenamente. As conversas a fizeram lembrar os motivos que a tinham levado a se associar à amiga. Ao longo dos anos, porém, elas pararam de pensar sobre suas necessidades individuais e deixaram de cuidar da relação.

Em última análise, elas concordaram em dividir suas responsabilidades de forma diferente. Até o momento, vinham fazendo muitas tarefas juntas, mas perceberam que não era apenas ineficiente, mas que vinha gerando atrito entre elas. Também decidiram criar uma "pausa" trimestral, um dia em que realizam autoexposição e investigação e buscam conselho de forma estruturada.

Hoje, com essa nova configuração, estão de volta ao trabalho e fazendo progressos.

Criando relacionamentos de apoio

É claro que nem todas as nossas necessidades podem ser supridas por uma única pessoa – mesmo que a gente queira. Meu colega Bill George fala extensamente sobre a importância de um grupo de apoio,[2] composto por várias pessoas com quem você individualmente cria e cultiva relacionamentos ao longo dos anos. Talvez os integrantes desse grupo nunca venham a se conhecer, mas cada um tem o potencial para ser útil em determinadas situações. A razão para a criação desse grupo é que nem sempre é possível antecipar de que tipo de ajuda e conselhos você vai precisar. Se você se mantiver demasiadamente isolado e tiver poucas relações estreitas, tenderá a se sentir desconfortável em se aproximar de alguém que não conheça bem para buscar conselhos e orientação, especialmente se estiver no meio de uma crise.

Comece listando tipos de pessoas com quem gostaria de construir relacionamentos fortes. Vou dar um exemplo pessoal:

- Pessoas ligadas à igreja.
- Amigo de confiança.
- Cônjuge ou outra pessoa próxima.
- Uma pessoa "sábia" – alguém com experiência e bom senso (por exemplo, um professor).
- Especialistas (advogados, médicos, especialistas em finanças, arquitetos etc.)
- Chefe direto ou outros superiores e colegas de trabalho.
- Subordinados – em especial, os reportes diretos.

Ser sistemático nessa listagem pode ser útil, pois ela pode revelar, por exemplo, lapsos em suas relações existentes. Se você se sente isolado em certos tipos de situações, identificar esses lapsos pode ajudá-lo a descobrir o motivo.

Anote na lista tanto os relacionamentos atuais quanto os que você pretende desenvolver e compare os dois. Onde estão as lacunas mais evidentes? Existem ações que você pode tomar para preenchê-las? Novamente, você não busca fazer melhores amigos ou encontrar pessoas para ir ao cinema ou jantar com você (apesar de que poderia ser um subproduto não intencional). Trata-se dos relacionamentos dos quais você espera extrair conselho, apoio emocional e orientação. Ao mesmo tempo, são pessoas às quais você se disporia a oferecer o mesmo tipo de apoio, com quem estaria disposto a trabalhar em conjunto com a intenção de desenvolver compreensão, respeito e confiança mútuos.

Mais uma vez, mesmo que essas pessoas funcionem como grupo de apoio, talvez nunca se conheçam pessoalmente. São relações individuais, das quais você vai usufruir quando e se necessário. Sim, você pode decidir reunir algumas dessas pessoas em um subgrupo, mas o principal objetivo aqui é desenvolver fortes relações individuais. Vale a pena o esforço e o cuidado de criar uma lista inicial, porque provavelmente você precisará se empenhar muito para construir relacionamentos duradouros e mutuamente benéficos.

Identificando as lacunas

Depois de fazer essa análise, é recomendável reservar um tempo para analisar os tipos de falhas que identificar. Pode haver um padrão que exija uma reflexão mais profunda. Todos nós temos lacunas em nossos relacionamentos. Vejamos alguns exemplos.

Lacunas devido a problemas familiares

Temos de ir para o trabalho todos os dias, mesmo quando estamos com problemas de relacionamento com nosso cônjuge ou com os filhos. Esse tipo de tensão dificulta a concentração no trabalho, oblitera nossas percepções e nos leva a reagir exageradamente a contrariedades.

Nessa situação, é ótimo ter relações com colegas de trabalho ou de fora do ambiente profissional, em quem você possa confiar e que possam ajudá-lo a enfrentar a situação. Procurar a ajuda de um profissional também pode fazer sentido. De qualquer forma, é difícil resolver tudo sozinho.

Falta de relacionamentos no trabalho

Algumas pessoas têm fortes e diversificadas relações fora do ambiente profissional, mas optam por não ter fortes relações no trabalho. Com essa mentalidade, elas revelam muito pouco sobre suas vidas, sabem muito pouco da vida dos colegas e não se colocam em uma situação confortável para procurar aconselhamento no trabalho, se precisarem. Elas alegam ter mentores externos, mas são muitas vezes surpreendidas pelas críticas que recebem no trabalho, as quais o mentor nunca mencionou – ou, em alguns casos, com as quais ele discorda.

O problema com essa abordagem é que você gasta uma substancial parte do tempo que seria dedicado ao trabalho ou a questões relacionadas com o trabalho. Por outro lado, sua capacidade de desenvolver habilidades, compatibilizá-las com o trabalho, compreender suas paixões e demonstrar suas qualidades e personalidade de liderança – e até mesmo entender quem você é – pode ser significativamente reforçada por feedback e conselhos que você recebe dos colegas (funcionários mais experientes, pares ou subordinados). Para atingir seu potencial, você precisa desse tipo de relacionamento.

Relacionamentos restritos ao ambiente profissional

Muitos jovens decidem trabalhar dia e noite durante os estágios iniciais da carreira com o objetivo de se estabelecer. Eles podem até ter um cônjuge, mas, à exceção do relacionamento amoroso, não se concentram em estabelecer relações fora do ambiente profissional. Já ouvi comentários como: "Só tenho 24 horas no dia. Portanto, é mais fácil restringir as relações às pessoas da empresa."

O problema com essa abordagem é que ela acaba criando um tipo diferente de isolamento, no qual sua visão sobre qualquer aspecto se resume à perspectiva da empresa. Apenas o que é importante para a empresa passa a ser importante para você. Essa situação leva algumas pessoas a racionalizar comportamentos potencialmente inaceitáveis ou questionáveis, pois parecem ser a postura que prevalece na empresa. É difícil recuar diante de uma postura questionável, ganhar perspectiva e demonstrar liderança se suas relações são majoritariamente profissionais.

É outra razão – como argumento no Capítulo 2 – pela qual uma função em uma organização sem fins lucrativos ou o engajamento em atividades comunitárias podem ser fundamentais para seu desenvolvimento. É recomendável evitar se isolar a ponto de resumir sua vida ao trabalho. Já testemunhei muitos talentosos profissionais atrofiarem, tanto no poder de julgamento quanto em suas habilidades, por não fazerem um esforço para construir relacionamentos fora do ambiente profissional.

Estou conectado

Outra possível abordagem é ter muitos relacionamentos, muitas conexões e aproveitar todas as oportunidades para conhecer pessoas. Um exemplo dessa mentalidade seria uma pessoa que entra na sala do professor ou de um executivo e afirma: "Gostaria que você fosse o meu mentor." Vamos imaginar que o executivo ou o professor respondesse: "Claro, seria um prazer ajudá-lo." O jovem fica feliz por ter feito uma conexão, mas nenhuma das partes sabe exatamente o que fazer a seguir. Infelizmente, embora a abordagem possa ser boa sob o prisma quantitativo, não é tão vantajosa sob um ponto de vida qualitativo mais profundo.

Esse exercício não se refere à quantidade. Na verdade, se você tiver cinco ou seis fortes relações às quais recorrer, pode se considerar uma pessoa de sorte. Desenvolver esse tipo de relacionamento demanda tempo, consistência e esforço mútuo para ser construído e sustentado. É necessário que as relações sejam individuais, não em grupo, e é preciso ter foco. O networking tem sua utilidade, mas não é um substituto para relacionamentos reais – aqueles aos quais você pode recorrer em momentos de crise.

Obstáculos para buscar apoio

Já contei várias histórias de pessoas que vieram até mim em busca de conselhos e que confessaram não ter conversado com ninguém sobre a situação que os afligia. A boa notícia é que, por fim, elas decidiram recorrer a algum amigo para pedir conselho; a má notícia é que esperaram tanto tempo, que um problema inicialmente administrável se tornara um sinistro iceberg. Por que não agir mais cedo?

Há muitas razões. Elas não querem incomodar e acreditam que os outros não as entenderiam. Talvez não tivessem uma pessoa em quem confiassem ou respeitassem o suficiente para se confidenciar. Talvez temessem que a pessoa com quem se confidenciassem deixasse de respeitá-las.

Para ajudar a lidar com as diversas razões que você usa como justificativa para não buscar conselho e apoio, tente o seguinte exercício.

Pense em alguma situação em que alguém se aproximou de você para pedir ajuda, apoio ou conselho e em como você acabou sendo imensamente útil a essa pessoa. Você foi incrível.

Consegue se lembrar da situação? Agora, faça a si mesmo as seguintes perguntas:

- Como você se sentiu? Qual é a sensação de ser eleito por alguém que busque um conselho?
- Qual a forma de comunicação que a pessoa usou – telefone, e-mail, carta, uma conversa presencial ou algum outro modo? Como a forma de comunicação escolhida impactou a qualidade da interação?
- O que você fez de útil?
- O que você aprendeu sobre si mesmo como consequência da interação?

Há anos venho realizando esse exercício com estudantes e executivos. Invariavelmente, eles sorriem ao lembrar a situação e anotar suas respostas a essas perguntas.

Por que sorriem? Porque se dão conta de que ficaram enormemente lisonjeados por alguém ter pedido sua opinião e percebem que a maioria das interações efetivas foi presencial. Por vezes, eles ouviram a outra pessoa; em algumas situações, fizeram perguntas relevantes, em outras, deram suas próprias opiniões. Em quase todos os casos, aprenderam muito sobre si mesmos. E o mais importante: o fato de trazerem as interações à memória os ajudou a perceber que as pessoas estão dispostas a construir relações e a ajudar se você se dispuser a fazer o esforço de se aproximar delas.

O que fazer agora?

Pense em situações nas quais você desejou ter procurado alguém em busca de aconselhamento e apoio. Anote as razões que o impediram. Agora, pergunte a si mesmo: O que você perdeu? Que preço pagou por não ter tomado a atitude?

Em retrospecto, considere sua lista de necessidades de apoio e a de potenciais candidatos com quem você pode construir relações de apoio mútuo.

Leia outras publicações a respeito do tema. Em particular, recomendo o livro de Bill George, *Confie em você* (Saraiva, 2008).

Os relacionamentos evoluem ao longo do tempo

O desafio sobre a questão de manter relacionamentos é que o cenário está sempre mudando.

Seu emprego muda, você muda, seus relacionamentos mudam, suas necessidades mudam e assim por diante. Como resultado, o desenvolvimento do relacionamento não pode ser um exercício estático ou feito de uma só vez. Para alcançar seu potencial, você deve desenvolver relacionamentos de forma contínua. Pense nisso como uma habilidade que pretende cultivar.

O gerente de uma marca de grande sucesso se mudou com a família, de Londres para Frankfurt, na Alemanha. A mudança de país se deu por conta de uma grande promoção. Embora ele e a esposa já tivessem ido à Alemanha várias vezes, não falavam alemão. Eles mantiveram sua casa em Londres, alugaram um apartamento em Frankfurt e colocaram os dois filhos em uma escola bilíngue. Ele estudara a língua por vários meses antes de começar na nova função e percebia que tinha apenas uma pequena noção do idioma. Ele chegou a HBS para fazer parte de um programa executivo e, um dia, resolveu me visitar para conversar sobre o trabalho.

Perguntei como ele estava se saindo. "Tem sido difícil" respondeu. "Minha esposa se sente isolada em casa e não conseguiu fazer amigos. Fiz algumas amizades no trabalho, mas são relações superficiais. Na maioria dos fins de semana, vamos para Londres ficar com a família dela, de modo que realmente não tenho tido muita oportunidade de me socializar. Vários casais alemães nos convidaram para sair, mas não temos tido tempo para aceitar os convites. Passo a maior parte do tempo trabalhando; por isso, ainda não conseguimos conhecer a vizinhança. Vamos à igreja em Londres quase todos os domingos; portanto, não conseguimos conhecer pessoas em Frankfurt. Ainda tenho de cumprir mais três anos nessa função, e não tenho certeza se vamos conseguir ficar."

Eu me solidarizei com ele. Fui mandado para o Japão pela empresa no início de 1990, um momento na minha vida em que eu não estava maduro ou qualificado o suficiente para construir relações mutuamente benéficas. Como resultado, em muitas ocasiões, me esforcei para apresentar meu melhor desempenho e manter a perspectiva.

Pedi a ele que listasse seus relacionamentos, incluindo os na Alemanha. Ele citou um grande grupo de pessoas em Londres, e mesmo alguns na Ásia, onde já tinha trabalhado. Era impressionante, mas não conseguiu citar ninguém em Frankfurt.

"Por que não?", questionei. Ele admitiu que não era sua prioridade fazer amigos lá.

Não tive muito a dizer, a não ser o óbvio: que ele precisava fazer disso uma prioridade, o que provavelmente significava passar alguns fins de semana em Frankfurt e permitir que a esposa, os filhos e ele mesmo se tornassem parte da comunidade. "Caso contrário, não vai funcionar" afirmei. "E não é de se espantar. Essas atribuições internacionais exigem mais ênfase no desenvolvimento de relacionamentos. Em geral, não conseguimos focar essa questão."

Uma missão no exterior é particularmente difícil em termos de desenvolvimento de relacionamentos e manutenção de um grupo de apoio. Mas, na verdade, trata-se de uma versão destilada do desafio que todos enfrentamos quando mudamos de cidades, países ou empregos. A verdade é que todos devemos fazer esse esforço – e é um processo sem fim.

Relacionamentos são essenciais para que você alcance seu potencial

Você não vai conseguir sozinho.

Pode até *tentar*, e, por um período, talvez pareça funcionar – mas minha própria experiência e a de todos com quem tenho trabalhado ao longo dos anos me dizem que alcançar seu potencial é drasticamente mais difícil se você não tiver relacionamento aos quais recorrer em momentos críticos. Será mais fácil seguir as orientações deste livro se você estiver disposto a conversar com outras pessoas, de forma a buscar confiança e compreensão mútuas.

Ações sugeridas para follow-up

- Faça os exercícios individuais descritos neste capítulo.
- Em dupla, faça o exercício do comprometimento com autoexposição, investigação e busca por aconselhamento.
- Faça uma lista de questões individuais. Qual delas você já discutiu com alguém? Faça o esforço de identificar potenciais relações nas quais você poderia discutir um ou mais desses problemas.
- Anote as duas últimas vezes em que você forneceu conselhos e apoiou alguém. Anote o que aprendeu com essa experiência. Como essas ideias podem ajudá-lo a reduzir ainda mais seu próprio isolamento?

CAPÍTULO 8

O roteiro

Resumo

> Acho que nunca é tarde demais... ou, no meu caso, cedo demais, para ser quem você quer... Não há limite de tempo, comece a qualquer momento... mude ou se mantenha igual... não há regras... Podemos extrair o melhor ou o pior das situações... espero que você extraia o melhor... espero que você se sinta arrebatado. Experimente sensações que nunca teve antes. Espero que você encontre pessoas com diferentes pontos de vista. Espero que você se desafie. Espero que tropece e se levante. Espero que tenha a vida que queira... e se não tiver, espero que comece tudo de novo.
>
> **ERIC ROTH, ROTEIRO, *O CURIOSO CASO DE BENJAMIN BUTTON*[1]**

Construir uma carreira que traga realização é cumprir um significativo desafio. É preciso muita coragem para traçar seu curso e fazer as mudanças necessárias ao longo do caminho. Vários fatores contribuem para a complexidade desse desafio. O futuro é incerto, o mundo continua mudando, e constantemente recebemos conselhos bem-intencionados – muitas vezes contraditórios, e até mesmo, contraproducentes – sobre como alcançar nossos sonhos.

Com toda essa incerteza, muitas vezes é tentador seguir o fluxo e agir como todo mundo. Ou será que existe outra maneira? Existem pessoas que desafiaram o inconsciente coletivo e a pressão dos pares e traçaram um caminho compatível com suas habilidades e paixões? É apenas utopia – ou uma possibilidade real?

Há outra maneira

Considere as seguintes cenas.

Uma bem-sucedida aluna – vamos chamá-la de Abbigail –, recém-graduada em uma Escola de Negócios, optou por trabalhar em um empreendimento filantrópico na Califórnia, logo após se formar. Muitos de seus colegas da pós-graduação optaram pelas áreas de finanças e consultoria, mas a paixão de Abbigail era ajudar a iniciar novas empresas de filantropia. Quando se formou, ainda era um campo incipiente, e os colegas torceram o nariz para sua escolha de emprego. Desde a formatura, ela vem desempenhando fundamental papel no desenvolvimento de mais de 25 novos empreendimentos, que estão exercendo significativo impacto em todo o mundo. A empresa ganhou visibilidade e prestígio e, agora, os colegas consideram o trabalho incrível. Ela ama o que faz e não gostaria de trocar de emprego com nenhum deles.

Azim, gerente de uma empresa de bens de consumo da Malásia, sonhava um dia ter o próprio negócio. Pensava em começar um negócio de fabricação terceirizada, o qual ele acreditava que iria preencher uma importante necessidade do consumidor global de empresas de bens de consumo. A posição que ocupava naquele momento na empresa já fora o suficiente para surpreender seus amigos e familiares, que veementemente sugeriam que ele permanecesse onde estava e continuasse a subir na hierarquia da organização. Em seguida, após a morte prematura de um dos pais, Azim começou a acreditar que a vida era mais curta do que pensara, e seu medo de ter arrependimentos posteriores começou a superar o de fracassar. Ele usou suas economias e, com o apoio de várias empresas de capital de risco, iniciou um novo negócio. Ainda não se sabe se a empresa dará lucros (embora tenha começado bem), mas, de acordo com os próprios comentários desse novo empreendedor, "a despeito de qual seja o resultado, estou muito feliz de poder realizar um trabalho que tira o máximo proveito de minhas capacidades e realiza meu sonho". Azim se surpreendeu ao perceber que, para ele, o resultado é menos importante que o percurso.

Devon, recém-graduado do Meio-Oeste dos Estados Unidos, decidiu que queria trabalhar na área de finanças. Tinha fascínio pelo mercado de ações e o acompanhava diariamente, desde os 10 anos. Seu pai, que trabalhava com vendas, o tinha ensinado sobre o mercado. Devon era apaixonado por analisar empresas e mercados. Seus pais foram filhos da Depressão e esperavam que ele estudasse Direito. Para sua decepção inicial, Devon decidiu trabalhar como gerente financeiro, área na qual atuou por vários anos, desenvolveu suas habilidades e, em seguida, começou sua própria microempresa. Agora administra as finanças de várias famílias e instituições do Meio-Oeste. Ele ama o que faz. Era seu sonho.

Heather trabalhava em uma empresa de serviço de assistência profissional. Era um emprego de prestígio, e ela sentia orgulho de trabalhar lá. Seus pais eram advogados bem-sucedidos e ficavam orgulhosos de a filha também trabalhar com assistência profissional. Depois de alguns anos, porém, Heather percebeu que não tinha paixão pelas principais tarefas do trabalho nem pela missão da empresa. Além disso, constatou que seu desempenho começava a decair. Depois de muito refletir, decidiu que sua paixão era ajudar as pessoas a resolver seus problemas. Heather tinha perspicazes insights. Mesmo com seus trinta e poucos anos, decidiu voltar a estudar, fazer o preparatório para o curso de Medicina e ingressar na faculdade. Seus pais, preocupados, incentivaram-na a repensar sua decisão, mas Heather manteve-se convicta e, finalmente, tornou-se psiquiatra. Ela ajuda as pessoas todos os dias e é uma das pessoas mais felizes que conheço.

Como gerente de vendas de uma empresa de bens de consumo, Jamal sempre tentou ajudar os pares, mesmo quando ninguém o estava observando. Ele gostava do trabalho, acreditava na empresa e sentia que ajudar os outros era uma forma de fornecer contribuição adicional. Não esperava nada em troca. Depois de vários anos trabalhando na organização, o cargo de vice-presidente executivo se tornou disponível. Jamal queria a função, mas sabia que os outros vendedores tinham gerado mais receita. Um dia, seu telefone tocou. Era o CEO lhe oferecendo o cargo e explicando que desejava criar na empresa uma cultura mais orientada para o trabalho em equipe e que a postura altruísta de Jamal ao longo dos anos o tinha convencido de que era a pessoa certa para o cargo.

Como professor de uma escola de ensino fundamental, Colin fazia trabalho voluntário nos fins de semana em um abrigo para moradores de rua. Somente sua esposa sabia desse trabalho. Era algo que o fazia se sentir bem. Depois de vários anos de voluntariado, ele recebeu um convite de um membro do Conselho de Administração para integrar o Conselho. Colin aceitou de bom grado. Sua nova função lhe deu a oportunidade de aprender muito mais sobre o abrigo e compreender muitas das questões envolvidas na gestão de uma organização sem fins lucrativos. Por fim, Colin se tornou presidente do Conselho e, há alguns anos, foi homenageado por sua substancial contribuição para a comunidade. Ficava um pouco envergonhado quando era homenageado, mas amava ser presidente. Muitos dos comentários dos oradores daquela noite citavam o impacto que Colin exercera, muito maior do que ele poderia imaginar. "Percebi", ele comentou mais tarde comigo, "que talvez eu tivesse conseguido o que queria".

Paul, recém-graduado da Faculdade de Medicina, optou por abdicar de uma lucrativa carreira no setor privado. Ele percebeu que sua paixão era saúde mundial – especificamente, tentar ajudar a melhorar a saúde de cidadãos no Haiti, Ruanda e outros países, onde as pessoas morrem de doenças evitáveis nos países mais desenvolvidos. Desde a graduação, Paul nunca conseguira ter o alto salário que poderia ter ganhado na iniciativa privada. Por outro lado, ele alcançou um objetivo muito mais importante para ele: fornecer significativa contribuição para a melhoria da saúde global. Em parceria com um colega da Faculdade de Medicina, com o mesmo tipo de mentalidade que ele, Paul fundou uma organização sem fins lucrativos, dedicada à saúde mundial em países em desenvolvimento. A organização vem ajudando a melhorar a qualidade da saúde e de vida em geral de milhões de cidadãos de países menos desenvolvidos. Sua paixão e grande capacidade ajudaram a atrair doadores, voluntários e outros que partilham dessa mentalidade – pessoas que querem fazer a diferença na vida dos outros.

Conheço todos os personagens dessas histórias, bem como os de muitas outras semelhantes. Essas pessoas tiveram de lutar e passaram por momentos de dúvida. Todos acabaram percebendo que o esforço para alcançar seu potencial é uma jornada – processo contínuo, que gera *insights* e levanta novas questões, mas que não tem um destino final.

Enquanto eu escrevia este livro, eventualmente mencionava o título a algum amigo. Eles normalmente me perguntavam: "Então, *você* está fazendo o que realmente deseja? *Você* atingiu seu potencial?"

Em resposta, eu teria de dizer: "Não, ainda estou trabalhando nisso. Ainda estou tentando descobrir. Na verdade, não tenho certeza se algum dia chegarei a alcançar plenamente meu potencial – pelo menos, *espero* que não." Espero sempre trabalhar no sentido de tentar me entender, fazer novas conquistas, buscar novos sonhos e desenvolver minhas habilidades para que eu possa enfrentar novos desafios. Espero sempre querer encontrar uma maneira de exercer impacto positivo sobre o mundo e melhorar a mim mesmo.

Este livro é sobre você

Escrevi meu livro anterior, *O que perguntar ao espelho* (Elsevier, 2012), para ajudar os líderes a desenvolver suas habilidades e construir suas organizações. Nesse livro, argumento que a liderança é muito mais uma questão de fazer as perguntas certas que de ter todas as respostas. Você não precisa carregar o peso do mundo nos próprios ombros – tampouco precisa ser o Super-Homem ou a Mulher Maravilha.

O que, *de fato*, precisa é fazer as perguntas-chave e ter tempo para refletir sobre as respostas. Dessa forma, os líderes atuais e potenciais podem criar e seguir um roteiro para desenvolver suas capacidades e orientar as organizações com sucesso. Espero que todos que leiam o livro se tornem mais bem preparados para serem líderes.

Embora esteja orgulhoso com o livro, ao terminá-lo, sabia que ainda havia um grande problema a abordar: há uma diferença entre saber que perguntas você deve se fazer, que habilidades precisa adquirir e que atitudes deve tomar e de fato ter a capacidade de fazê-las, adquiri-las e tomá-las.

Há um agente fundamental que deve ser entendido e administrado nessa equação: *você*. Você é capaz de avaliar suas habilidades com precisão? Quais são suas paixões? Você entende quem é? Você tem um trabalho dos sonhos em mente? Você usa suas habilidades e paixões para se tornar um excelente profissional? Você apresenta personalidade e traços de liderança? Você tem um grupo de apoio no qual possa confiar? Todas essas perguntas e variáveis exercem forte impacto sobre sua capacidade de fazer seu trabalho, se destacar e realizar seus sonhos.

Não há um caminho único. Somos todos únicos e trazemos uma série de qualidades para qualquer situação. Cada um progride em seu próprio ritmo e à sua maneira. Cada um tende a se sobressair mais em determinadas atividades que em outras. Não se pode colocar todas as pessoas em fôrmas idênticas e esperar que atinjam seu melhor desempenho.

Diante disso tudo, é irônico que muitas pessoas talentosas não tentem compreender as próprias e únicas qualidades. Elas acham mais fácil se concentrar em debater questões intelectuais que ter uma compreensão suficientemente boa de si mesmo para descobrir quem são e quais são suas paixões. É mais fácil para elas imitar os outros que descobrir como poderiam se desenvolver para alcançar seu melhor desempenho. É uma tarefa desafiadora. É muito mais fácil seguir a multidão.

Este livro traça um roteiro para ajudá-lo a atingir seu potencial. Claro, você é quem deve decidir se quer seguir por essa estrada.

Uma evolução

Considere o quadro da Figura 8.1, já apresentado na Introdução do livro.

A evolução começa com a compreensão das regras de percurso e, em seguida, com o entendimento de si mesmo. A partir daí, o quadro sugere estratégias para se destacar e ideias para realizar aquele esforço a mais com o objetivo de alcançar seu potencial.

Alcançar seu potencial é diferente de desenvolver uma estratégia para uma empresa. Em uma organização, com tempo, dinheiro e determinação suficientes, você pode mudar a maioria das situações. Talvez não possa mudar o mundo, mas pode adaptar sua organização a ele. Você tem a capacidade de mudar as habilidades de uma empresa, sua personalidade e cultura. Se você tiver tempo, recursos e determinação, é possível alterar a maioria das variáveis mais importantes.

O mesmo não acontece com os seres humanos. No âmbito individual, alguns elementos você pode mudar, outros não. Você deve discernir um do outro. Tenho 1,78 metro de altura e, por mais que eu queira ter 1,82 metro, não vai acontecer. Canto no chuveiro, mas seria execrado se cantasse em público. Tenho fortes habilidades quantitativas e analíticas, mas se tivesse de ensinar matemática ou realizar um grande trabalho quantitativo, estaria em sérios apuros, independentemente de quanto me esforçasse.

FIGURA 8.1

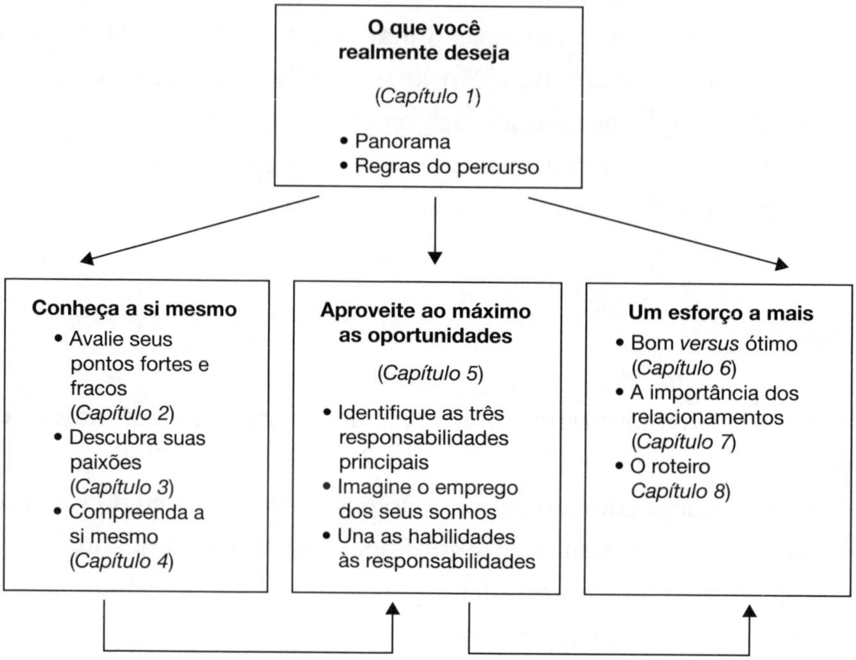

Um erro frequente cometido por jovens promissores é pensar sobre suas vidas como se estivessem desenvolvendo uma estratégia para uma empresa. Por exemplo, eles podem acreditar que devem ser capazes de fazer tudo que os pares fazem. Se não conseguem, ficam obcecados por desenvolver essas habilidades para que possam se equiparar aos colegas. Eles querem se encaixar e competir acirradamente com os pares. O problema é que não consideram completamente as fundamentais diferenças entre eles mesmos e os colegas.

Um caminho melhor, porém mais complicado, seria fazer uma autoavaliação e estabelecer quem são. Para isso, é necessário primeiro fazer um levantamento das competências que possuem atualmente e pensar sobre as tarefas às quais elas poderiam atender. Com base nessa avaliação, é possível então desenvolver uma estratégia de competências para escolher a profissão que desejam seguir. Essa análise pode levá-los a trabalhar para melhorar certos pontos fracos, desenvolver ainda mais os pontos fortes já existentes e selecionar um ambiente que lhes dê a melhor oportunidade de brilhar. Ao longo do tempo e como resultado de várias experiências, eles podem atualizar suas ideias, refinar seus interesses e fazer os ajustes de percurso.

Alcançando seu potencial

Você pode seguir um processo sistemático para atingir seu ponto máximo, exclusivamente seu. Não será melhor nem pior que a trajetória de outra pessoa, mas apenas diferente.

É outra maneira de pensar sobre sua carreira e vida. É provável que você precise desconsiderar o inconsciente coletivo, a pressão dos colegas, a cultura popular e assim por diante. Talvez seja preciso se manter firme e não se deixar abater pelas possíveis críticas em um evento social, quando explicar por que optou por fazer algo que ama, em vez de tomar um rumo semelhante ao de quase todas as pessoas da sala. Seu percurso pode levar anos, tempo durante o qual você pode receber pouca validação externa e alguns elogios. Essa desaprovação tende a ser difícil para aqueles que sempre foram os melhores da classe ou que estejam acostumados a julgar seu progresso com base nas opiniões dos outros.

Próximos passos

Não sou idealista em relação à possibilidade de seguir as orientações deste livro. Não sou ingênuo em relação às dificuldades de traçar o próprio caminho. É um trabalho difícil e exige força – sei disso por experiência própria. Sou tão suscetível de ser influenciado pelas opiniões de terceiros quanto qualquer pessoa. Gosto de impressionar os outros. Sei também que questões práticas, por exemplo, dinheiro, nos levam a optar por ações necessárias para que possamos pagar o aluguel e cumprir com as demais obrigações. Ao longo dos anos, certamente fui influenciado por essas obrigações e preocupações.

Se você optar por seguir a estrutura deste livro, seguem alguns passos que devem ser úteis:

- **Mantenha um diário.** Você não precisa escrever nele todos os dias, mas certifique-se de fazê-lo sempre que estiver tentando entender melhor alguma questão. Utilize o diário como um caderno de atividades para os exercícios sugeridos neste livro, a fim de que possa refletir sobre seus pensamentos e observações.
- **Leia o jornal todos os dias.** Leia livros e revistas. Mantenha-se atualizado com os acontecimentos do mundo; tendências literárias e culturais podem proporcionar valiosa conscientização. Embora você possa não querer ser indevidamente influenciado pela cultura popular, precisa estar ciente do que acontece no mundo; caso contrário, corre o risco de cair no isolamento. Também é útil ler sobre como outras pessoas estão lidando com situações semelhantes à sua.
- **Se possível, poupe dinheiro.** Uma das razões por que as pessoas fracassam em alcançar seu potencial é a pressão que sofrem para ficarem atentas às necessidades financeiras. Não estou dizendo que você não deva gastar seu dinheiro. Estou dizendo que ser perdulário dificulta a busca de suas habilidades e paixões. Além disso, também fica mais difícil se manifestar, opor resistência e geralmente fazer o que acredita ser certo. Poupar dinheiro em vários momentos da carreira pode ajudá-lo a ganhar muito mais dinheiro mais tarde. Por quê? Porque ter uma reserva permitirá que você exerça maior grau de liderança e tome decisões profissionais melhores quando for preciso.
- **Reserve tempo no seu cronograma para férias e folgas.** Regularmente sou abordado por pessoas que me dizem que não têm férias há vários anos. Se for seu caso, é compreensível que ache

difícil obter perspectiva ou refletir. O afastamento o ajuda a ganhar sagacidade e consciência. Este livro trata de autoconhecimento. Se você se misturar com a massa, alcançar o autoconhecimento será sempre uma dificuldade para você.

- **Não deixe seus relacionamentos resvalarem.** Todos nós – inclusive eu – lutamos com isso. Por isso, todos precisamos trabalhar duro para manter relacionamentos de longo prazo. Frequentemente peço conselho. Quando digo algo estúpido ou fico com raiva, peço desculpas (muitas). É provável que você venha a ser melhor nisso que eu, mas terá de se esforçar nesse sentido.
- **Consulte um profissional, se achar que poderá ajudá-lo.** Aqui, me refiro a um psicólogo ou psiquiatra. Surpreendentemente, muitas pessoas rechaçam essa sugestão. Para muitos, há um estigma associado ao profissional de saúde mental. Não é necessário para todos, mas recomendo que você pense a respeito, se estiver enfrentando dificuldades para entender a si mesmo. Já vi pessoas vencerem a ansiedade ou depressão ou superarem eventos traumáticos em suas vidas graças à ajuda de um profissional treinado. Ele pode fazer a diferença entre conseguir superar obstáculos e ficar correndo no mesmo lugar – e ninguém precisa saber que você está tendo ajuda profissional, só você.

Mais uma vez, essas sugestões são destinadas a ajudá-lo a lidar com os vários assuntos e questões levantados neste livro.

Comentários finais

“Gostaria que alguém me dissesse qual é a minha missão, meu propósito profissional.”

Quantas vezes já ouvi essas palavras? Geralmente, são ditas por pessoas que tentam lidar com um conflito entre a razão e a emoção. Eu me senti da mesma maneira em uma série de ocasiões em que não sabia o que queria ou estava com medo em relação ao futuro e ansioso sobre as consequências de uma decisão. Eu queria que tudo caminhasse bem, não queria decepcionar as pessoas e, menos ainda, ter arrependimentos.

Ao longo dos anos, no entanto, aprendi que arrependimentos e incertezas fazem parte da vida. Você não pode evitá-los, mas pode tentar obter mais consciência sobre quem você é e o que pode fazer. Quando você pensar em retrospecto sobre a vida, vai querer ter a certeza de que usou seus talentos de forma a se adequarem às suas paixões e que exerceu o tipo de impacto de que gostaria.

Qual é esse impacto? Como já disse, a resposta a essa pergunta é diferente para cada pessoa. Lembre-se, muita gente vai lhe dizer o que deve querer ou fazer, mas elas não têm de viver sua vida ou arcar com as consequências dos próprios conselhos. Além disso, é muito provável que não estejam satisfeitas com as próprias vidas.

Então, tente uma abordagem diferente. Preocupe-se menos com ser um sucesso e mais com alcançar seu potencial. Provavelmente, existem várias maneiras de fazer isso, então escolha o caminho que mais lhe convier.

Uma de minhas citações preferidas é atribuída a Albert Einstein: "Nem tudo que conta deve ser levado em conta, nem tudo que deve ser levado em conta, conta." Evidentemente, métricas são úteis – mas só até certo ponto. É mais provável que sua definição de sucesso seja conduzida por aspectos de sua vida não totalmente mensuráveis ou comparáveis com os de seus pares. Você vai sentir isso.

Se você seguir seu próprio caminho, não sei quanto irá acumular, quanto prestígio irá obter ou quantos títulos irá conquistar. Mas, se for fiel aos seus princípios e convicções, é muito mais provável que se sinta um grande sucesso. No fim das contas, esse sentimento vai fazer toda a diferença.

Notas

Introdução

1. Robert Steven Kaplan e Scott Snook. “O líder autêntico”, programa do curso, Harvard Business School, Boston, outono de 2011.

2. Bill George e Peter Sims. *Confie em você*. São Paulo: Saraiva, 2008.

Capítulo 2

1. Laura Morgan Roberts, Gretchen Spreitzer, Jane Dutton, Robert Quinn, Emily Heapy e Brianna Barker. “How to Play to Your Strengths”, *Harvard Business Review*, janeiro de 2005, p. 74–80.

2. Robert Steven Kaplan e Scott Snook. “O líder autêntico”, programa do curso, Harvard Business School, Boston, outono de 2011.

Capítulo 3

1. Bill George e Peter Sims. *True North: Discover Your Authentic Leadership*. San Francisco: Jossey-Bass, 2007, capítulo 6. [Edição brasileira: *Confie em você*. São Paulo: Saraiva, 2008.]

2. Laura Morgan Roberts, Gretchen Spreitzer, Jane Dutton, Robert Quinn, Emily Heapy, and Brianna Barker. “How to Play to Your Strengths”, *Harvard Business Review*, janeiro de 2005, p. 74–80.

Capítulo 4

1. Warren G. Bennis e Robert J. Thomas. "Crucibles of Leadership", *Harvard Business Review*, setembro de 2002, p. 39–45.

2. Bill George e Peter Sims. *True North: Discover Your Authentic Leadership*. San Francisco: Jossey-Bass, 2007, capítulos 1 a 3. [Edição brasileira: *Confie em você*. São Paulo: Saraiva, 2008.]

3. Robert Steven Kaplan e Scott Snook. "O líder autêntico", programa do curso, Harvard Business School, Boston, outono de 2011.

4. John Paul Eakin. *Living Autobiographically: How We Create Identity in Narrative*. Ithaca, NY: Cornell University Press, 2008.

Capítulo 6

1. Bill George e Peter Sims. *True North: Discover Your Authentic Leadership*. San Francisco: Jossey-Bass, 2007, capítulo 5. [Edição brasileira: *Confie em você*. São Paulo: Saraiva, 2008.]

2. Ben W. Heineman, Jr.. "Avoiding Integrity Landmines", *Harvard Business Review*, abril de 2007, p. 100–108.

Capítulo 7

1. Katryn Greene, Valerian J. Derlega e Alicia Mathews. "Self-Disclosure in Personal Relationships", In: *The Cambridge Handbook of Personal Relationships*. Anita L. Vangelisti e Daniel Perlman (orgs.). Cambridge: Cambridge University Press, 2006.

2. Bill George e Doug Baker. *True North Groups: A Powerful Path to Personal and Leadership Development*. San Francisco: Berrett-Koehler Publishers, 2011; e Bill George e Peter Sims. *True North: Discover Your Authentic*

Leadership. San Francisco: Jossey-Bass, 2007, capítulo 7. [Edição brasileira: *Confie em você*. São Paulo: Saraiva, 2008.]

Ver também Stephen R. Covey. *Os 7 hábitos das pessoas altamente eficazes*. Rio de Janeiro: Best Seller, 2005; David A. Garvin e Michael A. Roberto. "What You Don't Know about Making Decisions", *Harvard Business Review*, novembro de 2001, p. 108–116; K. E. Kram e M. C. Higgins, "A New Approach to Mentoring: These Days You Need More Than a Single Person. You Need a Network", *The Wall Street Journal*, setembro de 2008; Daniel Goleman, "What Makes a Leader?", *Harvard Business Review*, janeiro de 2004, p. 82–91; Roderick M. Kramer, "The Harder They Fall", *Harvard Business Review*, outubro de 2003, p. 58–66; e John J. Gabarro e Linda A. Hill, "Managing Performance", Caso 9-496-022, Boston: Harvard Business School, 1995.

Capítulo 8

1. Eric Roth. *O curioso caso de Benjamin Button* (roteiro), Paramount Pictures/Warner Bros. Entertainment, 2006 (ver http://www.scribd.com/doc/13909016/Curious-Case-of-Benjamin-Button).

Índice

D

E

J

L

M

N

O

P

R

S

T

V